MÉMOIRES

DE LA

SOCIÉTÉ DES SCIENCES

DE L'AGRICULTURE ET DES ARTS

DE LILLE

CINQUIÈME SÉRIE

FASCICULE VII

SOCIÉTÉ DES SCIENCES
DE L'AGRICULTURE ET DES ARTS DE LILLE

Mémoires. — Ve Série

FASCICULE VII

LILLE AU XVIIIe SIÈCLE

D'APRÈS LE

DICTIONNAIRE GÉOGRAPHIQUE DES GAULES

de l'Abbé EXPILLY

Correspondance
de l'Abbé Expilly et du Magistrat de Lille

LILLE
IMPRIMERIE L. DANEL
1925.

AVANT-PROPOS

C'est notre regretté collègue Henri Rigaux qui aurait dû présenter au lecteur les pages qui suivent. Dans sa pensée, la reproduction de l'article LILLE, du dictionnaire de l'Abbé Expilly, devait servir d'introduction à une série de volumes contenant les documents les plus importants de l'histoire de Lille. Il comptait publier une collection d'ISLENSIA. La mort est venue, hélas ! mettre fin à ce projet.

Le Dictionnaire géographique, historique et politique des Gaules et de la France qu'Expilly publia en 6 volumes, in-folio, de 1762 à 1770, se trouve dans presque toutes les bibliothèques publiques. On peut se demander s'il était bien utile de rééditer les pages qui concernent Lille, même en y ajoutant dans le texte les corrections et les additions (1) qui se trouvent au t. IV, p. 952. Il faut cependant reconnaître que l'article en question (2) est rempli de détails intéressants, et pouvait constituer une sorte de préface au recueil de documents projeté.

Il faut signaler encore que le texte d'Expilly est suivi d'un certain nombre de pièces tirées des archives communales de Lille, qui permettent de se faire une idée de la manière dont travaillait l'abbé. Le 26 avril 1765, il demandait des renseignements au Magistrat, qui lui envoya, le 23 juin, un long mémoire (3), rédigé probablement par le procureur-syndic du Châsteau de Villermont. Dès le 22 novembre,

---

(1) *Ces additions et corrections, faites d'après les observations du Magistrat de Lille, ont été portées à leur place, à l'exception des passages, trop longs pour être insérés dans le texte, et qui ont été mis au bas des pages 1 et 35-36.*

(2) *Dans sa petite collection lilloise, Debièvre a publié sous le titre* LILLE AU XVIII SIÈCLE *(Lille, Leleu, 1894), une partie de la notice d'Expilly,*

(3) *Cf.* infra, p. 52-78.

Expilly annonçait au Magistrat l'envoi de sa notice et lui demandait de lui indiquer des changements et additions, s'il y avait lieu. Le Magistrat répondit, le 10 janvier 1766, par des observations qui furent insérées dans le Dictionnaire, *t. IV, p. 952. Le volume parut en septembre 1766.*

Expilly avait offert gracieusement un exemplaire des premiers volumes au Magistrat qui avait aussitôt souscrit à l'ouvrage entier. Mais l'auteur n'ayant pas voulu entendre parler d'argent, la ville lui envoya « trois services de table de la fabrique de cette province ». Auteur et Magistrat, c'était à celui des deux qui se montrerait le plus généreux ! L'un et l'autre avaient, en effet, tiré avantage de cette sorte de collaboration.

A. DE SAINT-LÉGER.

LILLE AU XVIIIe SIÈCLE

D'APRÈS LE

DICTIONNAIRE GÉOGRAPHIQUE DES GAULES

de l'Abbé **EXPILLY** (1)

LILLE, Isla, Illa, Insula, Insulæ, Castrum Illense, ville grande, forte, belle, bien peuplée, commerçante, riche, capitale de la Flandre Françoise, résidence ordinaire du gouverneur de la province et de l'intendant, premier membre des états du pays, chef-lieu d'une subdélégation de son nom, avec un bureau des finances, une gouvernance, un bailliage, un siège échevinal et municipal, une jurisdiction des eaux et forêts, une cour des monnoies, une maréchaussée, une chambre de commerce, une chambre consulaire, une église collégiale dont le chapitre est également nombreux et bien composé, sept paroisses, plusieurs maisons religieuses de l'un et de l'autre sexe, etc., dans le diocèse de Tournay, et du ressort du parlement de Douay. On y compte environ 170 rues dont plusieurs sont très belles ; 30 places publiques, 24 cours, environ 10.000 chefs de familles, 11.284 feux, 8.000 maisons tant grandes que petites, et environ 50.000 âmes (2). (Suivant le dénom-

---

(1) Cet article contient les corrections adressées par le Magistrat de Lille, le 10 janvier 1766, et que l'Abbé Expilly signale avoir portées à la page 952 du tome 4ᵉ de son ouvrage.

(2) Correction d'après les observations du Magistrat. — Depuis long-temps, la population de la ville de Lille, même dans les temps les plus fâcheux n'a jamais été réduite à ce nombre. D'après un calcul plus exact, rédigé à l'occasion de la demande de M. Expilly, on a trouvé que cette ville étoit alors peuplée au moins de 60.000 personnes et que ce nombre étoit le taux le plus commun dans tous les temps.

Il y a aussi au moins 8.000 maisons dans la ville ; dans le recensement fait en 1740 ne sont point compris les enfants qui vont communément au tiers et par conséquent actuellement à 20.000.

En 1764, il s'est fait à Lille, 2.569 baptêmes ; il y a eu 588 mariages et le nombre de sépultures a été de 2.348.

brement des habitants de l'un et de l'autre sexe, de tout âge et de tout état qui fut fait en 1740, il se trouva dans la ville de Lille et sa banlieue 63.439 personnes. On croit que ce nombre d'habitants est diminué depuis les dernières gueres, de sorte qu'on estime qu'en la présente année, 1765, il ne se monte plus qu'à 56 ou 58.000 âmes ; et l'on ajoute qu'année commune le nombre des naissances y est de 2.400 et plus, que le nombre des sépultures y est souvent inférieur, et qu'il s'y fait de cinq cents à six cents mariages). Cette ville est située sur la Deule qui la traverse et y est navigable, à 50 lieues de Paris, 7 de Douay, 5 de Tournay, 3 de Warneton, 3 d'Armentières, 3 de Menin, 5 de Courtray, 13 de Gand, 15 de Dunkerque, 15 de Mons, et 5 d'Orchies (par la route ordinaire), et, par la ligne droite, à 5. E. N. de Douay, 8. N. O. de Valenciennes, 4. O. de Tournay, 9. N. N. O. de Cambray, 11 et tiers S. S. E. de Dunkerque, 11. S. O. de Gand, et 37 et demie N. N.E . de Paris. Longitude 20.44.16, latitude 50.37.50. Ses armoiries sont une fleur de lys d'argent, sur un champ de gueules. La lettre *W*, est la marque distinctive de la monnoie qu'on y fabrique.

La ville dont il s'agit, n'est pas fort ancienne. Son origine la plus reculée ne remonte point au delà du septième siècle. Buzelin cite une chronique flamande, où il est dit que Jules-César ayant bâti Gand à l'endroit où la lys se joint à l'Escaut, mena ses troupes dans des lieux marécageux, environnés de bois, où il bâtit le château du Buc, dans le dessein de s'en faire un point d'appui contre les peuples nouvellement subjugués, au cas qu'ils vinsent à se révolter. Cependant on ne voit pas quel usage on fit de ce château, ni même s'il fut habité, jusqu'au règne de Clotaire I, roi de France. Un voile impénétrable couvre ce qui s'est passé dans ces siècles reculés. Les historiens du pays rapportent que, pour remédier aux désordres que commettoient dans les forêts de la Flandre une infinité de brigands qui s'y étoient retirés, Clotaire y envoya Lidéric, fils du comte de Dijon, qui établit son séjour dans la forteresse du *Buc*, dont on vient de parler. La sécurité que les peuples trouvoient sous ses auspices, aux environs de ce château, y attira des habitants, qui, dans la suite donnerent naissance à la ville de Lille.

Le sol étoit marécageux, comme il l'est encore aujourd'hui. Par leur travail, les habitants s'élevèrent au-dessus du marais, souvent inondé par la crue des eaux, et firent ainsi de leur ville naissante une espèce d'isle. C'est là l'origine la plus vraisemblable du nom *Isla*, qui, dans la basse latinité, est le synonyme du mot *Insula*, isle. Dans la suite, la ville ne pouvant pas contenir avec aisance tous les habitants, son enceinte fut étendue. Les divers canaux qui furent creusés par les habitants, lors de cet aggrandissement, formèrent plusieurs isles qui subsistent encore aujourd'hui ; et c'est de là qu'est venu vraisemblablement le nom latin moderne *Insulæ*. Cette ville n'a cependant commencé d'être connue que dans le moyen âge, d'abord sous le nom d'*Isla* ou *Illa*, et ensuite sous celui d'*Insula*. Le premier nom se trouve pour la première fois dans une charte de Baudouin le Débonnaire, comte de Flandres, donnée en 1066, pour la fondation du chapitre de St-Pierre. Selon cet acte, *Isla* est le nom que les ancêtres du prince donnoient à cette ville, *locum à progenitoribus Illa nuncupatum*.

Dès l'an 1030, on avoit commencé à l'entourer de murailles avec un large fossé, quatre portes et un château ; ce qui la fit nommer dans la même charte de Baudouin, *Castrum Illense*. Outre cela, il est fait mention dans cet acte d'une monnoie en usage à Lille *in monetá Illensi ;* façon de parler qui ne convient qu'aux villes célèbres, et qui annonce que dès lors celle de Lille étoit considérable. Elle fut détruite en 1214 par Philippe-Auguste. Elle doit à ce désastre son premier accroissement, puisque dès l'an 1235 on y comptoit déjà quatre paroisses, dont l'une dite de St-Sauveur, située vers le midi, s'étend fort loin de sa première enceinte. Dans le seizième siècle, elle fut aggrandie du côté du levant, et on y incorpora alors une partie de la paroisse de la Magdeleine. En 1605, on y renferma celle de Ste-Catherine vers le couchant, et, en 1670, celle de St-André du côté du nord. Elle a actuellement environ deux petites lieues de tour, et une demi-lieue de longueur. Elle est beaucoup plus longue que large.

Elle a appartenu long-temps aux comtes de Flandres, qui sortoient des Forestiers. C'est d'eux qu'elle tient son existence. Elle doit sa première splendeur à Baudouin V le Débonnaire (mort en 1067), qui fut à ce sujet nommé Baudouin de Lille. Elle fut prise par Philippe-le-Bel en 1296, après un siège de trois mois. Six ans après, Guy, comte de Flandres, en fit le siège, et s'en remit en possession. Ensuite elle fut donnée en otage au roi Philippe, qui se l'assura par un traité du 11 juillet 1312. Ses successeurs la conserverent jusqu'en 1369. Elle passa successivement par les femmes, dans les maisons de Bourgogne et d'Autriche, et revint ensuite à la France. Louis XIV, la prit sur les Espagnols le 27 août 1667. Ce monarque lui accorda alors une capitulation par laquelle il lui assura pour toujours la conservation de ses droits, usages, franchises et libertés. Les alliés s'en rendirent maîtres en 1708, après un siège fort long, très-opiniâtre, et malgré la belle et vigoureuse défense qu'y firent les François commandés par le maréchal de Boufflers. Elle fut rendue au Roi par le traité fait à Utrecht le 11 août 1713. Il est porté dans le vingt-cinquième article de ce traité, que les places restituées au Roi parmi lesquelles se trouve la ville de Lille sera conservée et maintenue dans la libre jouissance de tous ses privilèges, prérogatives, coutumes, exemptions, droits, octrois communs et particuliers, charges et offices héréditaires, avec les mêmes honneurs, rangs, gages, émoluments et exemptions, ainsi qu'il s'étoit pratiqué avant la cession.

On entre dans Lille par sept portes, sans compter trois portes d'eau dont une est pour la haute Deule et n'est pas éloignée de la porte de la Barre, et une autre est pour la basse Deule. Ces portes, toutes magnifiques, et ornées de sculpture, sont, à commencer depuis la Citadelle en allant vers l'orient, la porte de la Barre, celle de Notre Dame, la porte des Malades, celles de Fives, de St-Maurice, de la Magdeleine, et de St-André. L'enceinte de cette place est fort irrégulière. Elle a été réparée par le maréchal de Vauban, qui y a ajouté plusieurs bastions et autres ouvrages. L'augmentation de la ville est couverte d'une nouvelle enceinte ajoutée à la vieille, et composée de quatre grands bastions. Sur le premier front, du côté de la citadelle, où est la porte de St-André couverte d'une demi-lune avec son réduit, est un grand bastion avec sa courtine. Le bastion suivant a deux cavaliers revêtus, l'un sur l'autre. Ce bastion est couvert d'un grand ouvrage à corne, dont le front est aussi couvert d'une demi-lune. Le bastion d'après a dans son centre un grand corps de cazernes. La courtine qui suit, comprend la porte d'eau, et est coupée par deux grands bâtardeaux, pour soutenir le passage de la sortie de la Deûle. Cette porte est couverte d'un grand ouvrage appelé *lunette*, composé d'une demi-lune à flancs, et de deux demi-contregardes, qui couvrent chacune de ses faces ; le tout est séparé en particulier par un petit fossé, et enfermé d'un autre. Vient ensuite un autre bastion qui enferme un magasin à munitions et un moulin. La courtine est couverte d'un tenaillon à flancs irréguliers. Dans son fossé est une demi-lune. Voilà en quoi consiste la nouvelle enceinte, qui s'étend vers le N. O. depuis la citadelle jusqu'auprès de la porte de la Magdeleine.

Quant à la vieille enceinte, on trouve d'abord, en suivant la même direction, un bastion irrégulier, qui n'est composé que de deux flancs et d'une face. Dans la courtine est la porte de la Magdeleine, couverte d'un ouvrage à corne, retranché non seulement par une demi-lune double, mais aussi par deux demi-lunes. Le front de cet ouvrage est couvert par une double demi-lune. La porte de St-Maurice est dans la

courtine suivante, et est couverte par une petite demi-lune ancienne.
Le bastion d'après est petit, et contient néanmoins deux corps
de cazernes. La courtine est couverte d'un petit ouvrage de terre,
dans lequel est le jardin appellé de la contrescarpe. Après cette
courtine est une plate forme à la manière du chevalier de Ville.
De cette place à l'angle flanqué règne une grande muraille, le
long de laquelle sont trois grands corps de cazernes bâtis
depuis quelques années. Ensuite est une espèce de petit bastion. Dans
la courtine est la porte de Fives, couverte d'une petite demi-lune, et au
devant est une fausse-braye de la manière du chevalier de Ville.
Le bastion d'après a une ancienne porte bouchée, et un moulin à vent.
Ce bastion a été bien réparé par le maréchal de Vauban. La courtine
est couverte d'une demi-lune avec un réduit. Le bastion qui suit est
petit, et au-dessus s'élève un cavalier de terre. Il est couvert d'un
ouvrage à corne à la Vauban, et dont le front est couvert d'une petite
demi-lune. Après le bastion, dont le grand front est le réduit de St-
Sauveur, vient un grand bastion retranché par la gorge. Son front du
côté de la ville est couvert d'une petite demi-lune qui défend la porte.
Au dedans est une chapelle avec des corps de cazernes. Ce bastion est
couvert d'une contre-garde, et entré-deux est une demi-lune. La porte
des Malades est dans la courtine qui suit ; elle est couverte par une
demi-lune et par son réduit. Le bastion qu'on trouve après, est grand,
et a été réparé par le maréchal de Vauban. Il est chargé d'un cavalier
revêtu, et couvert d'un ouvrage à corne, dont le front est défendu par
une petite demi-lune. De là jusqu'à la porte de Notre-Dame, l'enceinte
est fort irrégulière, et est composée de plusieurs redans. Cette porte
est dans une courtine, dont les deux extrémités sont occupées par deux
petits bastions irréguliers, et est couverte d'une demi-lune avec son
réduit. La courtine suivante est couverte d'une petite demi-lune, et
dans le bastion qui suit, est une petite hauteur appellée *le Calvaire*.
Depuis ce bastion jusqu'à la citadelle, l'enceinte est irrégulière, et
composée de plusieurs lignes droites, qui forment des angles rentrans
et saillans. Dans la plus longue de ces lignes est la porte de la Barre,
couverte par une petite demi-lune. Enfin cette enceinte, fermée par la
citadelle, est entourée d'un large fossé plein d'eau, accompagné d'un
chemin couvert revêtu, et d'un petit glacis, au-delà duquel est en
plusieurs endroits un petit avant-fossé.

La *Citadelle* est la plus belle qu'il y ait en Europe, et la première
que le maréchal de Vauban ait fait construire. Sa figure est penta-
gonale, composée de cinq bastions réguliers, et au devant de chaque

courtine est un tenaillon de terre. Chaque front est défendu d'une demi-lune revêtue, avec son réduit. La grand-place est entourée d'un triple rang d'arbres. On y trouve une église, la maison du gouverneur, et plusieurs corps de cazernes. Elle est entourée d'un bon fossé, qui communique par un seul endroit à celui de la place, et qui est entouré d'un chemin couvert avec son glacis. On entre dans cette citadelle par deux portes : celle du côté de la ville s'appelle la porte Royale et celle qui donne issue à la campagne, la porte du Secours. Au delà du glacis est un avant-fossé qui communique à celui de la place, il est aussi accompagné de son chemin-couvert et de son glacis. Dans cet avant-fossé, du côté de la campagne, sont sept demi-lunes de terre placées dans les angles rentrans. Cette citadelle est couverte d'un côté par un grand retranchement en forme de digue, et par un fossé plein d'eau. A la tête, du côté de la Deûle, est une grande redoute quarrée, appelée *de Cantellet*. Elle est couverte de deux demi-lunes, et défend le retranchement, ainsi que l'entrée de la Deûle dans la place. Cette rivière sert d'avant fossé à la dernière enceinte de la citadelle. Elle entre dans la ville proche de la porte de la Barre, et est ensuite coupée à la porte de la Barre par une grande écluse. Depuis cet endroit jusqu'à la porte St-André, le retranchement est accompagné de tilleuls, qui forment une promenade des plus agréables. Ces allées sont bordées d'un côté par la ville, et de l'autre par le canal de jonction de la haute et de la basse Deûle, qui sépare l'esplanade du glacis de la citadelle. A l'une des extrémités est un manège couvert, où l'on donne leçon publiquement quatre fois la semaine, et à l'autre extrémité se trouve un grand et beau café.

Au midi de la ville, est le *Fort de St-Sauveur*, gardé par la garnison de la ville (qui est, même en temps de paix, au moins de 6.000 hommes), et où le Roi entretient un commandant avec un major particulier, et un aumônier. Outre celà, il y a autour de la ville plusieurs autres petits Forts, qui ne sont gardés qu'en temps de guerre, et qui sont tous dépendans de celui qui commande dans la place.

Malgré l'excellence de toutes ces fortifications, et la vigoureuse résistance que fit le maréchal de Boufflers, les ennemis ayant ouvert la tranchée devant la ville de Lille, la nuit du 22 au 23 août 1708, cette place fut obligée de capituler, ainsi qu'il a été dit, le 23 octobre, et la citadelle le 8 décembre suivant. On assure que ce siège coûta aux ennemis (commandés par le prince Eugène de Savoye, et par mylord-duc de Mallebourough) dix-huit mille hommes de leurs meilleures troupes, et plus de seize millions de livres. La perte que les ennemis firent à ce siège, est portée à 25.000 hommes, dans un mémoire particulier que nous avons sous les yeux. Il semble que rien ne peut résister à de pareils sacrifices. Cependant, on prétend en France que le succès pouvoit à peine justifier l'entreprise des deux généraux des ennemis. En effet, outre le bon état où se trouvoit alors la place, les François avoient les meilleurs moyens pour en faire lever le siège. Le duc de Vendôme, commandant une armée également nombreuse et bien composée, vouloit attaquer les ennemis, mais il en fut empêché. Le comte de la Mothe, chargé de couper un convoi des ennemis, qui n'avoient plus de subsistances, fut battu, contre toute vraisemblance, le 28 septembre à Winendale. Plusieurs autres circonstances, qui naturellement ne devoient pas avoir lieu, favorisèrent aussi les ennemis. La belle défense que fit M. de Boufflers lui valut la dignité de pair de France, et à son fils aîné la survivance du gouvernement de Flandres, qui, par la mort de cet aîné, passa au second fils ; le fils de celui-ci n'ayant encore que quinze ans, succéda depuis dans le même gouvernement, pour récompense des services que le duc de Boufflers son père rendit à l'état, en défendant contre les Autrichiens la ville de Gênes, où il commandoit les troupes de France et d'Espagne, et où il mourut le 2 juillet 1747, le jour même que les ennemis en levèrent le siège. Ce gouvernement, c'est-à-dire, celui de la ville de Lille, ainsi que celui des provinces de Flandres et de Haynault, est rempli actuellement (en 1765) par le maréchal prince de *Soubise*, de la maison de Rohan, si connue dans l'histoire. Le Roi a fait l'éloge de ses qualités personnelles, tant par la confiance qu'il lui donne, que par les différentes commissions importantes dont il l'a chargé. Ce seigneur s'est acquis les cœurs des habitants de la province qu'il gouverne, et spécialement ceux de la ville de Lille, par son affabilité, par ses bienfaits, et par la protection singulière qu'il lui accorde. Tel est le témoignage de sensibilité et de reconnoissance que les habitants de ces provinces, et nommément ceux de la ville de Lille, se font un honneur et un devoir de rendre à M. le maréchal prince de Soubise par notre ministère.

La ville de Lille est donc un gouvernement particulier du gouverneur-général de la province. Il y a outre cela un commandant, un lieutenant-du-roi, un major, plusieurs aides-majors, quatre capitaines des portes et un greffier-militaire, qui ont tous des appointements du Roi, avec des émoluments et un logement de la ville. Il y a aussi un trésorier des troupes. Le gouverneur a sa garde particulière, composée d'un capitaine, d'un maréchal-de-logis, d'un brigadier, d'un sous-brigadier, et de quarante-huit gardes à pied.

Anciennement, cette ville étoit gouvernée par les comtes de Flandre, et à leur défaut par des châtelains. Philippe-le-Bel est le premier qui lui donna un gouverneur en 1296, ce qui s'est continué depuis, jusqu'à nos jours.

La citadelle a son état-major particulier, c'est-à-dire, un gouverneur (indépendant de celui de la ville), un lieutenant-de-roi, un major, un aide-major, un capitaine des portes, un chirurgien, un aumônier et un concierge.

La garnison de la ville de Lille est logée aux dépens de la ville, les soldats dans des casernes, construites en maçonnerie, la plupart neuves, toutes également solides et commodes, et qui dans le besoin pourroient suffire à 10.000 hommes. On leur fournit des lits avec tout ce qui en dépend et doit les assortir. Les officiers sont logés dans des pavillons, où on leur fournit aussi des lits, ou dans des chambres garnies quand les pavillons ne suffisent pas. Quand à l'État-Major de la ville, il reçoit son logement en argent, à l'exception toutefois du gouverneur qui est logé dans un hôtel appartenant à la ville. La garnison de la citadelle, ainsi que l'état-major du fort de St-Sauveur, est logée aux dépens du Roi.

Outre les corps-de-gardes des portes et celui de la place, il y en a plusieurs autres en différens endroits de la ville. Le magistrat est chargé de leur construction, ainsi que de leur entretien, et il fournit le chauffage avec la lumière aux troupes qui y sont.

La ville fournit aussi chaque année une somme considérable, tant pour l'entretien que pour l'augmentation des fortifications.

Depuis l'année 1667 que cette ville est rentrée sous la domination du Roi, Sa Majesté y fait entretenir à ses frais, un hôpital pour les troupes malades. Cet hôpital contient actuellement environ 200 lits. Il y a un directeur, un contrôleur, un médecin, un chirurgien-major, un chirurgien aide-major, un aumônier, tous pensionnés du Roi, et logés aux frais de la ville.

Il y a à Lille plusieurs commissaires et contrôleurs des guerres. Un des premiers est chargé spécialement du soin de l'hôpital militaire.

L'arsenal de la citadelle est beau. Celui de la ville est plus grand. Ni l'un ni l'autre ne sont point extrêmement vastes; mais ils ont toujours suffi à l'artillerie et aux munitions de la ville. D'ailleurs le parc général de la province est à Douay, qui n'est éloigné de Lille que de sept lieues, et dont la communication est assurée et commode, au moyen d'une bonne chaussée et d'un canal.

Outre l'arsenal, il y a à Lille plusieurs beaux magasins à poudre.

Le soin de l'artillerie y est confié à un colonel-directeur, auquel sont adjoints un lieutenant-colonel et un commissaire. Il y a de plus pour ce service, trois gardes et un trésorier.

Pour les fortifications, il y a aussi un directeur avec plusieurs ingénieurs et un trésorier.

Les maréchaux de France ont à Lille un prévôt, qui a la connoissance des cas prévôtaux. Ce corps est composé d'un prévôt, de plusieurs lieutenants, brigadiers et exempts, et de cavaliers. Il a son trésorier particulier ; ses officiers de justice sont un assesseur, un procureur du Roi, et un greffier. Les procès se jugent à la gouvernance.

Parmi les portes de la ville, toutes très-belles, la plus remarquable est la porte des Malades. Son architecture est du meilleur goût. On croit que c'est la plus belle porte de ville du Royaume.

La place d'armes de la ville est belle, grande et quarrée. Le corps-de-garde, dont la façade fait plaisir aux connoisseurs, ne contribue pas peu à l'orner. La place d'armes de la citadelle est aussi fort grande et très bien entendue : les bâtiments sont distribués tout autour dans le meilleur ordre.

A l'exception de ces deux places, et d'une troisième, nommée la petite place, peu éloignée de la place d'armes de la ville, il n'est aucune des autres qui mérite une attention particulière.

Presque toutes les rues de la ville sont fort larges. Celles du dernier aggrandissement faites en 1670 sont toutes tirées au cordeau. Les plus belles sont celles de Fives, de St-Sauveur, du Molinel, des Jardins, des Malades et des Jésuites. La rue royale l'emporte sur toutes les autres ; elle est surtout remarquable par sa longueur, par sa largeur, sa régularité et la beauté de ses maisons. Les rues qui la traversent, laissent à découvert d'un côté l'esplanade et la citadelle, et de l'autre le rempart.

Toutes les rues, au nombre de 170 ou environ sont éclairées ainsi que les places, pendant l'hiver, jusqu'à dix heures du soir, par dix-huit cents lanternes, fournies et entretenues par la ville. Les maisons des particuliers sont la plupart bâties de grais et de pierres blanches, que l'on tire du village de *Lezennes*, à une demi-lieue S. E. de la ville. Il reste très peu de maisons de bois. Dans le nombre des premières, il en est plusieurs qui sont fort belles et dont les façades extérieures sont des plus régulières.

Les fauxbourgs de la ville sont la plupart remplis de cabarets, de jardins et de *guinguettes*. Parmi ces lieux, il en est qui fixent à juste titre le regard des voyageurs. A la porte de Fives est un jardin public, dit du gouvernement, et qui est assez fréquenté.

L'église collégiale de la ville de Lille, sous le titre de St-Pierre, est un des plus beaux monuments de la piété des anciens souverains du pays. Le chœur des chanoines est beau. Au dessus des stalles, on voit encore les blasons des seigneurs qui composèrent le second chapitre de la toison d'or, tenu par Philippe-le-Bon à Bruges, en 1432. Au milieu du chœur est enterré Baudouin V, comte de Flandres, fondateur de cette église et de son chapitre.

Dans une des chapelles de cette église collégiale, dans celle de Notre Dame, est le magnifique tombeau de Louis de Mâle, dernier comte de Flandres de la sixième race. Outre les figures de Louis de Mâle, de Marguerite de Brabant sa femme et de sa fille Marguerite de Flandres qui sont toutes trois couchées à plat sur ce tombeau, il y a autour les figures de 24 princes ou princesses. Au dessus d'une des faces de ce mausolée, est couché à plat le comte Louis de Mâle, ayant à son côté droit Marguerite de Brabant, sa femme et à son côté gauche Marguerite de Flandres, sa fille. Le comte, armé de toutes pièces, tient ses deux pieds appuyés contre un lion. Il a son épée à la ceinture, et une dague à son bras droit. Le lion de Flandres est représenté sur sa poitrine. Derrière sa tête une colonne qui soutient le heaume ou timbre couronné, sur lequel s'élève le cimier : c'est la tête d'un lion dans un vol. La comtesse Marguerite, qui est, ainsi que nous avons dit, au côté droit du comte Louis son mari, a un chien à ses pieds. Derrière sa tête est un ange à genoux, qui tient un écusson où sont les armes de Brabant, au champ de sable et au lion d'or, parti de Flandres, qui porte d'or au lion de sable. Les lions sont ici tournés dans un autre sens qu'à l'ordinaire, de même que dans l'écusson de Marguerite sa fille, femme de Philippe-le-Hardi, duc de Bourgogne, qui est étendue de l'autre côté de son père. Elle a ainsi que sa mère, un chien à ses pieds. Vers la tête un ange tient un écusson, qui porte de Bourgogne moderne, soutenu par Bourgogne ancien, parti de Flandres.

Aux angles des quatres faces de dessous sont les quatres Évangélistes. On voit à un de ces angles St-Jean l'Évangéliste qui tient un calice, et à un autre St-Luc. Sur cette face sont représentés six princesses et un prince. La princesse qui est auprès de St-Jean l'Évangiliste, est Marguerite de Bourgogne, fille de Jean-Sans-Peur, duc de Bourgogne, qui fut mariée à Louis, dauphin de France, duc de Guyenne, après la mort duquel elle épousa Artus de Bretagne, comte de Richemont, qui fut connétable de France, et enfin duc de Bretagne. La seconde qui vient après, est Marie de Bourgogne sa sœur, alliée en 1406 à Adolphe IV, du nom, duc de Clèves. Le prince qui suit, est Jean, duc de Clèves, fils d'Adolphe IV, et de Marie de Bourgogne. On voit ensuite Isabelle de Bourgogne, fille du même duc Jean, laquelle épousa en 1406, Olivier de Châtillon-de-Blois, duc de Bretagne, etc, qui mourût sans enfants. Celle qui suit, est Catherine de Bourgogne, sœur des précédentes, qui fut accordée à Philippe d'Orléans, comte de Vertus, quand les ducs d'Orléans et de Bourgogne se réconcilièrent, après le meurtre de Louis, duc d'Orléans, commis par ordre du duc de Bourgogne ; mais l'inimitié continuant toujours, le mariage ne se fit pas. Elle fut fiancée l'an 1410, à Louis, duc d'Anjou III. du nom, roi de Sicile qui, sans l'épouser, la renvoya à son père. Elle fut promise depuis à Henri, fils ainé de Henri IV, roi d'Angleterre ; et, retenue par son père, elle mourut enfin sans alliance. Après elle, vient Anne, sa sœur, mariée, après la mort de leur père, au duc de Bedford, régent de France. La dernière de ce rang est Agnès de Bourgogne, sœur des précédentes, qui épousa Charles I. du nom, duc de Bourbon. Elle mourut fort âgée, et étoit encore en vie lorsque ce monument fut fait.

Sur le premier des deux petits côtés de ce tombeau, sont représentés cinq princes, dont le premier est Jean de Bourgogne, duc de Lothier, de Brabant, de Limbourg, comte de Haynault, de Hollande et de Zélande. Il étoit fils d'Antoine de Bourgogne qui suit, et de Jeanne de Luxembourg. Il porte trois croix sur la poitrine. Antoine de Bourgogne, qui vient après, étoit fils de Philippe-le-Hardi, duc de Bourgogne, et de Marguerite de Flandres. Il fut duc de Brabant, de Luxembourg et de Limbourg, marquis du St-Empire, et comte de Rethel. Son frère, qui tient le milieu, est Jean, dit Sans-Peur, comte de Flandres, d'Artois et du comté de Bourgogne. fils aîné de Philippe-le-Hardi, duc de Bourgogne, et de Marguerite de Flandres. Auprès de lui, est Philippe IV, dit le Bon, fils de Jean-Sans-Peur, et de Marguerite de Bavière. Philippe étoit duc de Bourgogne, de Brabant, de Lothier, de Luxembourg, comte de Flandres, d'Artois, de Bourgogne, de Haynault, de Hollande, de Zelande, etc. Il avoit réuni tous ces états, lorsqu'il fit dresser ce monument. C'est lui qui créa l'ordre de la toison d'or en 1430, et il en porte ici la marque et l'habit. Charles le Téméraire, comte de Charolois, qui suit, étoit fils de Philippe-le-Bon, et d'Isabelle de Portugal. Il succéda à tous les états de son père, mort en 1467. Il porte, comme lui, la toison d'or et l'habit de cet ordre.

Sur l'autre petit côté de ce tombeau est représentée Marie de Bourgogne, duchesse de Savoie, avec deux de ses fils et deux de ses filles.

Le premier est Philippe de Savoye, comte de Genève, l'un des fils d'Amé VIII duc de Savoye et de Marie de Bourgogne. Il porte un chapeau de la forme de ceux d'aujourd'hui. Celle qui suit, est Marguerite de Savoye, fille d'Amé VIII duc de Savoye, et de Marie de Bourgogne. Elle épousa en 1431 Louis d'Anjou III, du nom, roi de Naples, de Sicile, de Jérusalem, etc., après la mort duquel, arrivée en 1434 elle épousa Louis de Bavière, comte palatin du Rhin ; et après la mort de celui-ci, elle eût pour troisième mari le comte de Wirtemberg. Dans le mémoire envoyé à dom Bernard de Montfaucon, elle est qualifiée reine de Sicile. Au milieu de la troupe, est Marie de Bourgogne, fille de Philippe-le-Hardi, duc de Bourgogne, et de Marguerite de Flandres. Elle fut mariée en 1401, à Amé VIII duc de Savoye, et mourut en 1428. Celle qui suit, est Marie de Savoye, fille d'Amé VIII duc de Savoye, et de Marie de Bourgogne, la même que nous venons de nommer. Elle fut mariée au duc de Milan. Le dernier de la troupe est Louis, duc de Savoye, fils d'Amé VIII, et de Marie de Bourgogne. Ce Louis fut père de Charlotte de Savoye, femme de Louis XI, roi de France.

L'autre côté du tombeau, qui est un des deux les plus longs, représente sept princes ou princesses, tous descendans de Philippe-le-Hardi, et de Marguerite de Flandres. Le premier est Jacques ou Jacqueline de Bavière, fille de Guillaume de Bavière, comte de Hollande, et de Marguerite de Bourgogne. Jacqueline épousa Jean, fils de Charles VI, duc de Touraine et dauphin de Viennois, après la mort duquel, arrivée en peu de temps, elle eut successivement plusieurs autres maris. Celle qui vient après est sa mère, Marguerite de Bourgogne, fille de Philippe-le-Hardi, duc de Bourgogne, et de Marguerite de Flandres, alliée à Guillaume de Bavière IV, du nom, comte de Haynault, de Hollande et de Zélande. Après celle-ci, vient sa sœur, Catherine de Bourgogne, qui fut mariée à Léopold III, duc d'Autriche, et mourut sans enfants. Elle est suivie de Jean, comte d'Etampes, fils de Philippe de Bourgogne, comte de Nevers, et petit-fils de Philippe-le-Hardi, et de Marguerite de Flandres. Auprès de Jean est son frère aîné, Charles, comte de Nevers, qui mourut sans postérité. Le suivant est leur père, Philippe, comte de Nevers, fils de Philippe-le-Hardi, duc de Bourgogne, et de Marguerite de Flandres. Ce Philippe, comte de Nevers, épousa en premières noces Isabelle de Coucy de laquelle il eut plusieurs enfants, qui moururent en bas âge ; et en secondes noces, Bonne d'Artois, mère de Charles et de Jean, dont nous venons de faire mention. Le dernier est Philippe, duc de Lothier, de Brabant et de Limbourg, comte de Liney et de St-Pol ; ainsi porte l'inscription. Il étoit fils d'Antoine de

Bourgogne, duc de Brabant, de Lothier, de Limbourg, etc. et de Jeanne de Luxembourg. Antoine de Bourgogne étoit le second fils de Philippe-le-Hardi, et de Marguerite de Flandres. *Voyez* les *Monuments de la Monarchie-Françoise*, par l'illustre dom Bernard de Montfaucon, tom. 3, pag. 183, etc. Cet ouvrage est enrichi de belles figures. Au reste, la chapelle de Notre-Dame de la Treille, la même où l'on voit le superbe mausolée dont nous venons de parler, est d'ailleurs fort belle et bien ornée.

Le chapitre de l'église de St-Pierre de Lille est composé d'un prévôt, d'un doyen, d'un chantre, d'un trésorier, d'un écolâtre, d'un théologal, de 40 chanoines, de plus de 50 chapelains et de vicaires, d'un grand nombre de musiciens gagés et de huit enfants-de-chœur. Il y a outre cela un bon nombre de boursiers et 40 ou 50 clercs. Ce chapitre est soumis immédiatement au St-Siège. La dignité de prévôt est à la nomination du Roi et vaut environ six-mille livres de revenu (nous ne voyons pas pourquoi il est dit dans les mémoires levés pour M. le duc de Bourgogne, vers l'an 1698, que ce bénéfice vaut vingt mille écus de rente). Quoique le prévôt soit le chef honoraire du chapitre, c'est cependant le doyen qui y préside. Le doyen, le chantre, le trésorier et l'écolâtre sont élus par le chapitre. Le doyenné vaut deux canonicats, et la chantrerie beaucoup moins. Sur quoi on observe que, quand on a dit que le doyen jouissoit de la valeur de deux canonicats, c'est en y comprenant celui dont il jouissoit avant que d'être élu; mais la trésorerie vaut par elle-même environ deux canonicats. Les canonicats sont d'environ trois mille livres de revenu par an. Il y en a trois d'affectés aux évêques de Tournay, de Bruges et d'Ypres. Le Pape et le prévôt nomment aux autres, chacun dans leur mois. Le Pape a le droit de nommer pendant huit mois et le prévôt pendant quatre, qui sont, mars, juin, septembre et décembre. Ce droit ci-devant contesté pour quatre mois par les Gradués, l'est actuellement pour la totalité par le prévôt. Il a fait en conséquence plusieurs collations à différentes personnes qui jouissent; et le parlement de Flandres a ordre d'arrêter les bulles de ceux qui se présentent de la part de la cour de Rome. Au reste le chapitre de St-Pierre dont il s'agit, a une bibliothèque également belle, nombreuse et bien choisie. Cette bibliothèque est ouverte au public, deux jours de la semaine, le mardi et le jeudi.

Les paroisses de la ville n'offrent rien de bien remarquable. Celle de *St-Pierre*, la plus ancienne des sept, n'est qu'une chapelle. Celle de *St-Etienne* est vaste; le chœur en est petit, mais fort orné et avec goût. La porte du chœur de la paroisse de *St-Maurice* est de marbre :

l'architecture de cette église est d'un goût moderne (1) : cette paroisse
a cinq nefs, et il en est de même de celle de *St-Etienne*. Deux de ces
nefs sont divisées en différentes chapelles. Le clocher de la paroisse
de *St-Sauveur* bâtie de pierres d'Avesnes, se distingue par sa hauteur.
La paroisse de *Ste-Catherine* a été récemment ornée, dans tout son
contour, d'une fort belle boiserie : on y remarque, au maître-autel, un
tableau du célèbre *Rubens*, représentant le martyre de Ste-Catherine.
La paroisse de la *Magdeleine* est faite en forme de dôme. Celle de
St-André n'est ni belle ni grande. Toutes ces paroisses sont desservies
par des ecclésiastiques gagés pour cet effet, et qui y font l'office aux
heures ordinaires : outre cela, il y a dans chacune plusieurs chapellenies
avec leurs chapelains en titre.

On compte dans Lille huit maisons religieuses d'hommes : les Jacobins
ou Dominicains, les Récollets, les Capucins, les Minimes, les Carmes
Déchaussés de la réforme de Ste-Thérèse, les Carmes Chaussés ou
non réformés, les Augustins et les Frères Bons-fils du tiers-ordre de
St-François : ceux-ci détiennent dans leur maison les insensés et les
mauvais sujets.

L'Église des Jacobins a un très beau chœur. Elle a trois nefs :
au-dessus de celles de chaque côté, il en est une autre, garantie de part
et d'autre par une balustrade. C'est dans cette église qu'Éléonore de
Lorraine a fait élever un superbe mausolée au duc de Melun, son fils. On
ne peut aussi qu'admirer le frontispice de l'église dont il est question.
Dans le jardin du couvent, est un tertre ou élévation, du sommet de
laquelle, où l'on arrive par une pente douce, en tournant, on
découvre tout le jardin, (qui est agréable), ainsi que toute la ville.
L'église des Récollets est remarquable pour la hardiesse de sa voûte, qui
est fort élevée, fort large et n'a qu'une seule nef. On voit au maître-
autel de cette église, un Christ de la main de Vandick. Cet édifice est
entouré de tableaux de la composition d'Arnould, fameux peintre de
Lille. Au maitre-autel de l'église des Capucins est une descente de croix
de Rubens. Les églises des autres maisons religieuses sont toutes, ainsi
que celles dont nous venons de parler, très propres et bien ornées.
Celle du collège desservi ci-devant par les Jésuites a été reconstruite
en entier depuis quelques années et elle est surtout remarquable par
son architecture. Les bâtiments de ce collège, construits aux frais de la
ville en 1605, sont vastes ; et les appartements neufs que l'on avoit

---

(1) Correction d'après les observations du Magistrat. — Quand on a dit que
l'architecture étoit d'un goût moderne, c'est de la porte du chœur qu'on a voulu
parler et non de l'église.

commencé d'y construire depuis quelques années, auroient rendu cette maison l'une des plus belles de celles de la société des Jésuites, si elle avoit eu le temps de les achever.

Quant aux maisons religieuses de filles, elles sont au nombre de seize, dont douze grillées : sçavoir, l'Abiette, les Clarisses, les Collectines, les Brigitines, les Annonciades, les Urbanistes, les Carmélites, les Capucines, les Célestines, les Ursulines, les Sœurs du St-Esprit, et les Dominicaines au Couvent de la mère de Dieu.

L'Abiette, ou la petite abbaye, est une maison bien rentée, de l'ordre de St Dominique, fondée par Marguerite, comtesse de Flandres, en 1279. Les Ursulines enseignent la jeunesse, et tiennent des pensionnaires et des demi-pensionnaires. Les religieuses du St-Esprit tiennent des pensionnaires demoiselles ; les appartements y sont propres, la table bonne et les pensions modiques.

Les quatre couvents non grillés sont ceux des Sœurs Noires, qui vont garder les malades dans la ville ; des Sœurs Grises, des Sœurs de St-François de Sales, et des Sœurs de la Magdeleine. Ces trois derniers ont des appartements où l'on reçoit des demoiselles en pension, elles y sont bien logées, bien nourries et à bon marché. Les dernières, les Sœurs de la Magdeleine. ont un quartier-fort, dans lequel sont détenues les femmes et les filles insensées : leur maison appartient à la ville. Ces quatre communautés rendent aux habitants des services essentiels et qui méritent de véritables éloges.

On peut ajouter à ces maisons religieuses les Béguines, fondées en 1277, par Marguerite, comtesse de Flandres, pour quatorze filles ou femmes. Elles sont logées commodément, chacune dans des appartements séparés. Le Roi est collateur des places de Béguines. On peut aussi ajouter la maison de Salut, fondée par des particuliers et entretenue par le magistrat, pour y détenir et corriger les filles de mauvaise vie.

Il y a à Lille deux grands hôpitaux, l'un et l'autre desservis par des religieuses et où les malades sont pansés, traités et soignés gratuitement. Ils ont été fondés par Jeanne, comtesse de Flandres. L'un porte le nom de St-Jean-Baptiste-lez-Saint-Sauveur et l'autre se nomme l'Hôpital Comtesse.

Ces deux hôpitaux, très bien rentés, furent d'un grand secours aux officiers de l'armée du Roi qui furent blessés à la bataille de Fontenoy du 11 mai 1745 et où notre auguste monarque en personne, remporta sur les ennemis la victoire la plus complète et la plus glorieuse. Environ six cents officiers furent pansés et soignés dans ces hôpitaux. Rien ne prouve mieux en faveur de la fidélité et de l'attachement inviolable de tous les habitants de la ville de Lille et des magistrats pour la personne sacrée du Roi, que l'empressement qu'ils témoignérent dans cette mémorable circonstance, de procurer aux officiers et soldats blessés tous les secours que leur arrivée imprévue et inopinée n'avoit pas permis de leur préparer. Le zèle du peuple fut si grand en cette occasion, que le magistrat, pour en modérer l'ardeur, fut obligé de rendre une ordonnance le 16 Mai 1745, par laquelle il fut défendu de porter aux blessés d'autres aliments que des bouillons, des ptisannes, du thé à l'eau et autres choses semblables.

Indépendamment de ces deux grands hôpitaux, il y en a trois autres, desservis également par des religieuses, ; celui de St-Jean-Baptiste, dit des Gantois, où l'on reçoit des femmes décrépites, celui de Notre Dame de la charité, fondé pour les femmes chartrières ; et celui des religieuses de la Conception pour les femmes malades. Outre cela, il y en a encore un autre sous le titre de St-Joseph, pour les hommes incurables.

Trois collèges sont établis pour l'instruction de la jeunesse ; celui de St Pierre, fondé vers le milieu du seizième siècle, par le chapitre ; celui qui étoit ci-devant desservi par les Jésuites, fondé par le magistrat en 1572 dans la rue des Malades, et transféré en 1605 dans celle de leur nom ; et celui des Augustins fondé en 1624. Le premier est desservi par des écclésiastiques séculiers ; sçavoir, par un régent et par cinq professeurs, qui sont pensionnés du chapitre, et parviennent à des chapellenies et autres bénéfices, à mesure des services qu'ils rendent.

Celui qu'occupoient ci-devant les Jésuites, l'est actuellement par des prêtres séculiers ; sçavoir, un principal aux gages de 1500 liv., un sous-principal et un maitre de rhétorique, chacun aux gages de 1200 liv., et cinq maitres pour les cinq autres classes aux gages de 1000 liv. chacun. Outre cela, ils sont logés et leur pension est payée au principal, à raison de 100 écus par tête. On n'a rien négligé pour mettre ce collège sur un bon pied, et y attirer de bons sujets pour enseigner la jeunesse : le succès a répondu aux espérances et justifié les mesures prises pour cet effet.

Dans le collège de St-Pierre, il y a une pension ; et l'on se propose d'en établir une autre dans les vastes bâtiments du collège qu'occupoient ci-devant les Jésuites.

Le collège des Augustins est desservi par les religieux de cet ordre.

Il y a un collège ou séminaire particulier, établi des libéralités de plusieurs particuliers, et entr'autres de *Jean Morel*, par les soins du père *Nugent*, Capucin irlandois, et sous les auspices de Jean Derobles, comte d'Anappes, alors gouverneur de Lille, en 1610, pour des enfants étudians des provinces de Lagenie et Medie en Irlande. L'objet de cet établissement, où préside un préfet irlandois de nation, est d'instruire les jeunes gens dans la religion, et de les mettre en état d'aller ensuite prêcher l'évangile dans leur patrie. Le nombre des étudians n'est point fixé ; on le proportionne aux revenus de la maison qui n'est pas riche. Les Capucins irlandois de Bar-sur-Aube, sont collateurs de ces places.

Parmi les établissements recommandables pour leur utilité, on peut aussi compter le mont-de-piété, fondé en 1609, des libéralités de *Bartholomé Mazurel*. On y prête, sans aucun intérêt, jusqu'à 50 écus sur chaque gage de pareille valeur. Le magistrat y commet un directeur avec des commis. Les bâtiments en sont considérables. Ce mont doit être distingué de la plûpart des autres de même espèce où l'on prête, à la vérité, de plus fortes sommes, mais sous des intérêts plus ou moins forts. Il y a également à Lille un mont de cette dernière espèce, administré par un directeur, deux conseillers et autres officiers, nommés par l'intendant de la province.

De toutes les fondations pieuses, la plus considérable, tant pour son objet, que pour l'étendue de ses bâtiments, est l'hôpital général. Cette maison a été établie par lettres-patentes du mois de Juin 1738, pour y nourrir et entretenir des pauvres de toute espèce, de tout âge, de l'un et l'autre sexe, dans la vue de prévenir et empêcher la mendicité. Elle peut contenir actuellement plus de deux mille personnes, quoiqu'il s'en faille encore d'un grand tiers qu'elle ne soit entièrement achevée. Ses revenus annuels, tant en bien-fonds, maisons, rentes, que casuels, ouvrages et aumônes, vont déjà à plus de 50.000 écus : ils s'accroîtront considérablement dans la suite, tant par l'extinction des rentes viagères qu'elle a été obligée de créer pour fournir aux frais de construction de ses bâtiments, que par la réunion prochaine de plusieurs fondations pieuses établies aux mêmes fins. Cet hôpital est administré par un bureau entièrement subordonné au magistrat, qui assiste et préside par ses députés à toutes les assemblées et délibérations.

Il y a outre cela, plusieurs fondations particulières : celle des enfants de la Grange, ainsi nommée du nom de leur fondateur, autrement dits *des Bleuets*, à cause de la couleur de leur habit, subsiste depuis l'an 1499. Celle des Bapeaumes, faites par Wallerand Bapeaumes en 1613. Elles sont l'une et l'autre pour les enfants mâles orphelins : ils habitent actuellement la même maison, et vivent sous la direction d'un chapelain et de l'administration de la bourse commune des pauvres. Il y a dans la première plusieurs bourses pour des étudiants.

La maison des vieux hommes a été établie dans le seizième siècle, par les soins du magistrat et des libéralités des particuliers, pour les vieillards âgés de 60 ans au moins.

La fondation des bonnes-filles a ete faites pour des filles orphelines. Celle des vieillettes, pour des femmes paralytiques ; celle de St-Jacques, fondée dans le treizième siècle, par un châtelain de la ville de Lille, destinée d'abord pour les pélerins, est actuellement employée à recevoir et secourir les femmes en couche.

Celle de la noble famille, fondée par les soins de la demoiselle *Sémeries*, sur le modèle de celle de St-Cyr, est de la plus grande utilité : c'est une maison également belle et propre : on y reçoit les demoiselles de naissance des provinces de Flandres, d'Artois et de Haynault ; et on les y élève selon leur état, jusqu'à ce qu'elles aient atteint l'âge de dix-huit ans.

Il existe aussi plusieurs autres établissements pieux, sur lesquels il seroit superflu de donner des détails, parce qu'ils sont connus de tous ceux qui ont droit d'en profiter, et qu'ils n'intéressent point les autres personnes ; tels sont une bourse commune des pauvres, les écoles gratuites ; les bourses particulières établies dans chaque paroisse ; les bouillons fondés pour les malades ; les distributions de pain, de viande, d'argent et d'habillement ; les médecins et sages-femmes pensionnés pour les pauvres ; en un mot une infinité d'autres secours de toute espèce. Sur quoi nous observerons que l'administration de toutes ces fondations et aumônes est purement laïque et municipale, et que l'évêque, ainsi que tout ecclésiastique en son nom, en est exclu par le droit public de la province.

Nous nommerons parmi les établissements utiles, les leçons publiques fondées et entretenues par les soins du magistrat. Il y en a une d'anatomie, où l'on explique publiquement et gratuitement tout ce qui est relatif à la chirurgie et à la médecine, avec des démonstrations sur les cadavres. Une autre d'accouchement, où l'on donne aussi gratuitement, certains jours de la semaine, aux jeunes chirurgiens et aux sages-femmes de la ville et de la châtellenie les instructions convenables à cet art, accompagnées de démonstrations sur des machines propres et destinées à cet usage, et avec des explications sur les cadavres. Une de dessin, une d'architecture, et une de mathématique. Ces trois derniers établissements sont récens, mais leur succès est prompt. On y enseigne les différentes parties relatives aux différens arts et métiers utiles à la société. Il en est déjà sorti des sculpteurs, des graveurs et autres bons ouvriers de toute espèce, qui font également, et chacun dans leur profession, honneur à l'établissement et aux maîtres chargés de l'enseignement. Les leçons s'y donnent gratuitement et à des heures où tout le monde peut s'y rendre : les lundi, mardi, jeudi et vendredi pour le dessein ; les mercredi et samedi pour l'architecture et les mathématiques. Le magistrat y fait distribuer chaque année en sa présence et avec pompe, aux élèves qui s'y sont distingués, des prix, qui consistent en médailles d'argent, et en livres de l'art. Les ouvrages des meilleurs élèves des années précédentes, sont exposés ces jours-là autour de la salle où se fait la cérémonie. Il y a enfin une académie pour l'équitation, avec des maîtres de toute espèce, tant pour les armes, la danse, la musique et la peinture, que pour tous les autres arts et les sciences, avec un bureau de nourrices à l'imitation de celui de Paris.

Au nombre des édifices publics remarquables, sont l'Hôpital Général, le magasin-à-bled de la châtellenie, et l'hôtel-de-Ville. Le premier est fort vaste, le second fort élevé, et le troisième est le palais bâti par Philippe-le-Bon en 1430. Le Magistrat l'acheta de Philippe IV en 1664. Il fut brulé en partie en 1700 et en 1756. Le dommage causé par le premier incendie a été réparé au moyen d'un bâtiment construit depuis, d'un goût simple, mais bien entendu et propre. Le conclave, qui est le lieu où les échevins rendent la justice, et où s'assemblent chaque année les états de la province, est majestueux : la boiserie en est belle ; et les tableaux analogues à leur emplacement, sont de la plus grande beauté. Les quatre baillis des châtellenies de Lille, Douay et Orchies occupent depuis quelques années la partie supérieure de ce nouveau bâtiment. Leurs appartements sont vastes ; la propreté, la richesse et le bon goût s'y annoncent également avec avantage. Le bâtiment incendié en 1756 n'offre encore à la vue que des ruines ; on nous mande que les malheurs de la guerre joints aux charges de la ville empêcheront qu'il ne soit rétabli d'ici à quelques temps. Mais cette ville a des ressources, et ses habitants se distinguent d'ailleurs par leur zèle ; ce qui nous fait espérer que ce rétablissement ne se fera pas attendre longtemps. La paix dont l'Europe jouit, secondera sans doute les vues patriotiques du louable et éclairé magistrat de cette belle, bonne et grande ville. Puissent nos vœux concourrir aussi à l'accomplissement de ses désirs.

La salle des spectacles appartenoit autrefois au magistrat, et étoit située dans l'hôtel-de-ville même ; c'est cette salle qui occasionna l'incendie arrivé en 1700, un jour qu'on représentoit l'opéra de *Médée* : ce qui donna lieu au chronographe suivant, *ECCE MEDEA*. Une personne qui n'aimoit pas la comédie, fit sur le même sujet celui-ci : *PELLE COMEDOS*. Un particulier de la ville a depuis fait construire une autre salle à ses frais : celle-ci est petite et médiocrement belle.

Le corps municipal, dont l'origine se perd dans l'ancienneté des temps, a été établi sur le même pied qu'il existe aujourd'hui, par lettres-patentes de Jeanne, comtesse de Flandres, du mois de mai de l'an 1235. Le feu roi Louis XIV, d'immortelle mémoire, voulut bien en promettre l'observation par sa réponse à l'article 22 de la capitulation du 27 août 1667 enregistrée au parlement le 2 mai 1669.

Ce corps-municipal est composé de trente-trois officiers électifs, qui se renouvellent chaque année le jour de la Toussaint, par quatre seigneurs commissaires dénommés par le Roi, à l'exception des prudhommes, élus par les curés des quatre plus anciennes paroisses qui sont celles de St-Pierre, St-Etienne, St-Maurice et St-Sauveur. Il consiste en un Rewart et douze Échevins, dont le premier est nommé mayeur, quatre échevins voirs-jurés, huit jurés et huit prud'hommes. Outre ces trente-trois officiers électifs, il y a trois conseillers pensionnaires, deux greffiers, dont un pour les affaires civiles et l'autre pour les affaires criminelles, et un procureur-syndic. Ces six officiers sont permanens : ils étoient autrefois choisis par le magistrat, pour exercer les fonctions de leurs offices pendant leur vie ; mais leurs charges ont été créées en titre d'offices formés et héréditaires, par les déclarations du Roi des mois de mars 1694 et novembre 1695. Il y a aussi trois trésoriers qui exercent par commission du magistrat, et dont l'un alternativement assiste, pendant l'année, aux délibérations et assemblées du corps municipal.

Tous ces officiers, tant les électifs, que les permanens, au nombre de 40 personnes, composent le corps-de-ville qu'on appelle *la Loi*. On y régle et on y statue généralement sur tout ce qui concerne la police, les manufactures, la finance et toutes les autres parties de l'adminis-tration de la ville. Le magistrat ne peut imposer le clergé non plus que la noblesse, sans leur consentement, pour le payement des aides et subsides qu'il accorde au souverain ; mais il a le droit de les comprendre dans les autres impositions sans qu'ils y consentent. Toutes les ordonnances qui s'y rendent, sont intitulées au nom des Rewart, Mayeur, Échevins, conseil et huit-hommes ; et finissent par ces mots : fait en conclave, la loi assemblée ; et elles s'exécutent de la pleine et seule autorité du magistrat.

Il existe un recueil (imprimé in-4° chez Henri) des principales ordonnances rendues par ce corps jusqu'en 1745. Ce recueil qui contient 381 pages, est distribué par ordre de matiéres. La sagesse des réglements qui y sont rapportés, a tellement frappé, que tous les exemplaires en ont été enlevés presque aussitôt, par les magistrats des villes voisines. Celui de Lille continue de faire imprimer, dans le même format, les nouveaux réglements pour servir de suite à ce recueil.

La ville de Lille est divisée en vingt quartiers et chaque quartier a un commissaire particulier, choisi dans le corps-municipal, pour remplir diverses fonctions qui ont rapport à la police. Chaque commissaire a un adjoint.

Il y a aussi un prévôt, dont l'office est domanial, qui ne fait point partie du corps de magistrature, mais qui, par état, est chargé de veiller à l'exécution des ordonnances, et de faire les fonctions de procureur-de-roi dans les matières criminelles.

Les douze échevins, aidés des officiers permanens, qui leur servent de conseil pour conformer leurs jugements aux loix, exercent dans la ville et la banlieue toute jurisdiction tant en matières civiles que criminelles, sans même en excepter les cas royaux, et sont seuls juges des causes des nobles. Les sentences qu'ils rendent en matières civiles, jouissent du privilège de pouvoir être mises à exécution non-obstant appel, en donnant néanmoins caution, à telles sommes que les condamnations se puissent monter. L'appel de leurs sentences se porte immédiatement en la cour de parlement séant à Douay.

La province de Lille est un pays d'état, gouverné par quatre membres, dont le magistrat de la ville de Lille est le premier, les trois autres sont le magistrat de Douay, celui d'Orchies, et les baillis des quatre seigneurs hauts-justiciers représentants les châtellenies.

Une des prérogatives les plus précieuses pour cette ville, est qu'à chaque nouvel avénement du souverain, le magistrat prête le serment de fidélité au Roi, et que le souverain prête par lui-même, à sa première entrée dans la ville, ou par des seigneurs les plus qualifiés de la cour, qu'il lui plaît de nommer en son absence, en qualité de ses commissaires, le serment d'observer les droits, styles, usages, anciens priviléges de la ville, et que les bourgeois manans et habitants ne seront *traitables*, ni *actionnables que par la loi et échevinage*. Le magistrat conserve dans ses archives les actes solemnels de prestation de ces serments réciproques depuis cinq cents ans, les gouverneurs prêtent aussi serment au conclave lors de leur prise de possession du gouvernement.

Il y a dans la ville quelques jurisdictions subalternes qui ressortissent par appel au siège échevinal. Ces juridictions sont : 1° Celle des *Gardorphènes,* ou de la garde orpheline, établie pour veiller aux droits des pupilles. 2° Celle des *Appaiseurs,* qui connoissent en première instance des injures verbales. 3° Celle des sièges de la sayetterie et bourgetterie, draperie et teintures, où se jugent en première instance les contraventions aux règlements concernants les manufactures et les contestations entre les maîtres et leurs ouvriers. 4° Celle du collège de médecine et du siège des apothicaires, érigée pour décider tous les cas relatifs à la médecine, ainsi que pour veiller à la qualité des drogues qui se vendent et se distribuent dans la ville.

Les échevins sont les seuls juges ordinaires dans la ville de Lille. Il y a cependant dans les murs de cette ville plusieurs jurisdictions qui y tiennent leurs sièges ; sçavoir : 1° la gouvernance, dont la jurisdiction s'étend sur toute la châtellenie ; ce siège est composé du gouverneur, qui en est le chef, d'un lieutenant-général, d'un lieutenant particulier, de sept conseillers, d'un avocat du Roi, d'un procureur du Roi, d'un greffier et d'un receveur des épices, dont les offices ont tous été créés en titres formés et héréditaires, par édit du mois de mars 1693. 2° Le siège du bailliage, qui connoit dans le plat-pays des actions réelles par plainte à la loi, des chemins, et des affaires criminelles concurremment avec le siège de la gouvernance. Ce siège est composé d'un bailli, d'un lieutenant, de six conseillers, d'un greffier, et d'un receveur des épices, dont les offices ont aussi été créés héréditaires par l'édit de mars 1693. 3° Le bureau des finances, créé par édit du mois de novembre 1691 et dont les fonctions consistent principalement à veiller à la conservation des domaines du Roi, à recevoir les foi et hommages, aveux et dénombrements des fiefs relevans de Sa Majesté, et à remplir d'autres devoirs, à l'imitation des autres chambres de finances établies dans le royaume. Ce corps est composé de deux conseillers, premier et second présidents-trésoriers de France et généraux des finances, d'un chevalier d'honneur, de douze conseillers-trésoriers de France généraux des finances, d'un trésorier de France général des finances garde-scel, d'un conseiller et procureur du Roi, d'un conseiller-substitut, d'un greffier principal, et d'un second greffier, d'un receveur payeur des gages, d'un receveur des épices et d'un contrôleur des épices. 4° La chambre des comptes, instituée par Philippe-le-Hardi, duc de Bourgogne, en 1385. Elle subsista jusqu'en 1667, que le Roi, s'étant rendu maître de la ville de Lille, ne jugea pas à propos d'en remplacer les officiers, qui suivirent alors le parti de l'Espagne. Mais Sa Majesté y créa une charge de garde

des archives, qui sont considérables, contenant plus de 50.000 registres, une infinité d'autres papiers, ainsi que les chartes du pays.
5° Les officiers de la maîtrise des eaux et forêts de Phalempin,
tiennent aussi leur siège dans Lille : ce siège, créé par édit du
mois d'août 1693, est composé d'un grand maître, d'un maître
particulier, d'un lieutenant, d'un procureur du Roi, d'un garde-marteau
et d'un greffier. 6° Il y a aussi à Lille un hôtel des monnoies érigé en
1685, et dont la jurisdiction est composée d'un général provincial, de
quatre conseillers, d'un avocat du Roi, d'un procureur du Roi et d'un
greffier. Ce tribunal connoit de l'enregistrement des édits, déclarations
et règlements sur le fait des monnoies. 7° Une chambre de commerce,
établie par arrêt du conseil du 31 juillet 1714 pour veiller à l'utilité et
à l'avantage du commerce de la province. Elle est composée d'un
directeur et de quatre syndics avec un secrétaire. 8° Une jurisdiction
consulaire, érigée par édit du mois de février 1715 composée d'un juge
et de quatre consuls, ainsi que de six conseillers choisis parmi les
jeunes commerçants, et d'un greffier.

Par arrêt du conseil, du 24 mars 1744, Sa Majesté a aussi établi à
Lille une chambre syndicale de la librairie et imprimerie, composée
d'un syndic et de deux adjoints, qui sont subordonnés aux échevins,
lesquels en ont l'inspection. Tous les livres venant des pays étrangers
doivent être conduits en cette chambre pour y être visités et examinés.

Les quatre baillis des seigneurs hauts-justiciers, représentant les
châtellenies de Lille, de Douay et d'Orchies, s'assemblent et résident
aussi dans la ville de Lille. Ces quatre hauts-justiciers sont le Roi, à
cause de sa terre et seigneurie de Phalempin, le maréchal prince de
Soubise, à cause de la baronnie de Cisoing, le comte d'Egmont, pour
sa terre de Wavrin, et le duc d'Orléans à cause de sa terre de Commines.
Ils ont deux conseillers pensionnaires, un greffier, deux trésoriers, deux
contrôleurs et un procureur-syndic.

Il y a outre cela à Lille, une douane avec des directeurs, des
receveurs, et des receveurs-généraux des domaines des finances.

La seule seigneurie particulière avec jurisdiction dans la ville, est
celle du chapitre de St-Pierre, dont le territoire est extrêmement
borné. Les autres ne sont que des pairies appartenantes à différens
seigneurs, qui n'y ont que la justice foncière. Ces pairies sont celles du
Breuq, de Berclau, de Vincourt, de St-Donat, de Werlinghem, de
Coquelets, de Rabodenghes, de Raise, de Raneval, de Langlés, de la
Motte, de Mardringhem, du Rosier, de Reutz, et du Verd-bois. Le
chapitre de St-Pierre a deux baillis, des hommes de fiefs, et un greffier.

La ville de Lille avec sa banlieue a une coutume particulière, confirmée et approuvée par lettres-patentes de l'empereur Charles-Quint, du 1er décembre 1533. Les cas et matières qui ne sont pas réglés par la coutume, sont laissés à la disposition du droit écrit.

Le génie des habitants de cette ville est moins vif que solide. Ils ont le jugement sain et juste. Ils sont laborieux, dociles et bienfaisans. Leurs progrès dans les sciences sont lens, mais sûrs : la plupart ne s'y appliquent point et préfèrent le commerce vers lequel ils se sentent plus particulièrement portés. Cependant il s'est trouvé parmi eux, dans presque tous les temps, d'excellens avocats ; mais le nombre de ceux qui s'adonnent à cette profession est petit. Ils sont foncièrement bons. Ils agissent fidèlement et avec franchise. On peut compter sur leur parole, mais ils ne s'ouvrent pas aisément surtout aux étrangers. Le petit peuple, fort nombreux à Lille, est grossier. Les conditions au-dessus se piquent de politesse et de franchise. Les uns et les autres sont ennemis de toute hauteur, haïssent également la rigueur et aiment d'être conduits doucement. Avec des manières honnêtes et de la douceur, on obtient d'eux tout ce que l'on veut : ce fut par cette voie que Louis XIV parvint à effacer les préjugés qui les attachoient aux anciens maîtres à qui ils avoient longtemps obéi, à vaincre les mauvaises impressions que la politique leur avoit fait prendre dans tous les temps contre les François ; et, en un mot, à en faire de bons et véritables François : aussi ils ne le cèdent actuellement à cet égard aux habitants de nulle autre ville ou province du royaume, et le Roi n'a point de meilleurs sujets, ni l'état de meilleurs citoyens que les Lillois. Ils sont fort attachés à la religion catholique et très fidèles à leur souverain. Louis de Mâle, vingt-cinquième comte de Flandres, trouva toujours parmi eux, dans ses revers, un asyle assuré et des bras armés pour sa défense. Pendant les troubles des Pays-Bas, au sujet de la religion, ils furent constamment attachés à l'église romaine et à leur souverain. Les nouveautés en fait de religion, non plus que l'esprit de rebellion, ne fit jamais parmi eux aucun prosélyte. Le magistrat conserve dans ses archives, une lettre de Philippe II, roi d'Espagne, par laquelle ce monarque lui témoigne la satisfaction que lui donnoit la fidélité de la ville de Lille, et combien il avoit agréables les secours qu'elle lui fournissoit contre les confédérés. Les citoyens actuels y sont attachés aux mêmes principes, et animés du même esprit. C'est avec autant d'empressement que de plaisir que nous prêtons ici notre ministère à la publication de ces utiles vérités, qui nous étoient déjà bien connues et que le vénérable magistrat de la ville de Lille a bien voulu lui-même **nous confirmer**, en répondant le plus obligeamment du monde aux invitations que **nous avions eu** l'honneur de lui faire, pour obtenir de lui des renseignements certains, sur cette ville si importante à tous égards.

L'industrie est portée à Lille à un très haut point. En faisant l'éloge de cette ville, le Breton s'exprime ainsi :

> Insula villa placens, gens callida lucra sequendo,
> Insula quæ nitidis se mercatoribus ornans,
> Regna coloratis illuminat extera pannis.

C'est à cette industrie qu'elle est redevable des grandes richesses dont elle jouit. Les négociants actuels, qui s'adonnent entièrement à leur commerce, sont, comme leurs ancêtres, prudens dans la conduite de leurs affaires, et fidèles à leurs engagements. On estime cependant que la ville est moins riche qu'elle n'étoit autrefois ; ce qui nous surprend, d'autant plus que jamais le gouvernement ne fut plus attentif à procurer le bien de la nation.

Ces richesses, au reste, ne servent point à nourrir l'avarice. Elles éclatent dans l'occasion. Les peuples des Pays-Bas ont toujours aimé les jeux et les spectacles. Ce goût se conserve encore parmi eux dans ce qu'on appelle dans le pays triomphes, processions et dans les cérémonies publiques.

La ville de Lille n'a point négligé d'avoir de ces fêtes, et d'y attirer par la magnificence qui y brille, ainsi que par les divertissements qui s'y donnent, un concours extraordinaire de ses compatriotes et d'étrangers.

La plus célèbre de ces fêtes est celle de l'*Epinette*. Cette fête avoit son Roi que l'on élisoit tous les ans, le jour du mardi-gras ; on en a un catalogue depuis l'an 1283 jusqu'en 1483. Les jours qui précédoient l'élection, et tout le reste de la semaine, se passoient en festins et en bals. Le premier dimanche de carême, le Roi se rendoit en grande pompe au lieu destiné pour le combat, et les combattants y joûtoient à la lance. Un épervier d'or étoit le prix de celui qui demeuroit vainqueur. Les quatre jours suivans, le Roi, avec les joûteurs et le chevalier victorieux, étoit obligé de se trouver au lieu du combat, pour y rompre des lances contre tous ceux qui se présentoient.

Les Rois de l'Epinette étoient ennoblis. Cette fête cessa à la fin du 16e siècle, à cause des dépenses qu'elle occasionnoit.

Quoique les richesses des habitants de Lille n'égalent point aujourd'hui celles de leurs ancêtres, leur zèle cependant pour les dépenses convenables ne cède en rien à celui des temps les plus brillans de leur ville.

La France applaudit encore aux arcs de triomphe qu'elle vit élevés à la gloire du Roi, lorsque Sa Majesté honora la ville de Lille de sa présence, au retour de la campagne victorieuse de 1745. Le temple de la paix que cette ville dédia en 1749 au monarque pacificateur de l'Europe, attira dans ses murs un concours prodigieux d'étrangers de toutes conditions. C'est ainsi que l'amour de ce peuple pour ses souverains s'est signalé dans toutes les occasions.

Il se fait à Lille, tous les ans, le dimanche de l'Octave du St-Sacrement, une procession solemnelle en l'honneur de Notre-Dame de la Treille, patrone de la ville. Cette procession a été instituée par lettres de Marguerite, comtesse de Flandres, du mois de février 1269, en considération des miracles que Dieu opéroit en faveur de ceux qui invoquoient la Ste Vierge sous ce nom, dans une chapelle de la collégiale de St-Pierre. On n'y porte point le St-Sacrement. Toutes les communautés d'hommes, à l'exception d'une seule, y vont, ainsi que tous les corps de métiers. On y porte la plûpart des chasses des églises. Le magistrat suit en robe celle de Notre-Dame de la Treille, qui est portée sous un dais magnifique, précédé de plusieurs chars, du clergé séculier et du chapitre de St-Pierre, cette procession est terminée par le bailliage. Le magistrat de Lille en règle la marche. Cette procession attire dans la ville un grand concours d'étrangers.

Celle du St-Sacrement s'y fait avec beaucoup de dévotion. Tous les ordres religieux, précédés d'un grand concours de peuple portant des flambeaux, accompagnent le St-Sacrement, porté sous un dais par le prévôt de la collégiale de St-Pierre. Le clergé des sept paroisses et le chapitre précédent le dais, qui est suivi de l'état-major, de la gouvernance, du magistrat et du bailli de Lille. Voilà le vrai de cette procession, sur laquelle les auteurs du dictionnaire encyclopédique ont eu la téméraire indécence de s'exprimer ainsi, à l'article : *Arcs de triomple*, tom. 3, page 184. « *A Lille en Flandres, dans les processions publiques où l'on porte le St-Sacrement, on fait marcher à la tête des chars sur lesquels on a placé des jeunes filles. Ces chars sont précédés d'un fou de la ville, qui a la fonction de faire mille extravagances par charge. Cette cérémonie superstitieuse doit être regardée avec plus d'indulgence que de sévérité ; ce n'est point une dérision ; les habitants de Lille sont de très bons chrétiens.* ».

Il y a régulièrement dans cette ville une troupe de comédiens assez bonne. On y donne des tragédies, des comédies et des opéra-comiques des meilleurs auteurs. Les pièces nouvelles y attirent les habitants, qui, d'ailleurs, ne sont pas fort portés pour cette sorte de spectacles. La garnison qui s'en amuse davantage, contribue principalement au soutien de ce théâtre.

Différens concerts s'y sont établis successivement : il y en a actuellement un (en 1765) composé d'amateurs, qui se donne chaque semaine pendant l'hiver, dans une des salles de l'hôtel-de-ville.

Il s'y tient quatre foires franches. La première pour toutes sortes de marchandises, commence le 30 Août, et dure huit jours. Les trois autres ne sont que pour les chevaux et autres bestiaux et elles ne durent chacune que trois jours ; l'une commence le premier lundi de carême ; la seconde, le lundi après la Fête-Dieu ; et la dernière le 14 de Décembre.

Outre ces foires, il y a le mercredi et le samedi de chaque semaine, des marchés publics pour les grains de toute espèce, pour les légumes, les fruits, le beurre et autres denrées nécessaires à la vie. Il y en a d'autres, à différens jours de la semaine, pour les chevaux et autres espèces de bétail, pour les fils de lin, les laines, les toiles, les serviettes et pour toutes les matières propres aux fabriques.

Pour la facilité du commerce, il y a à Lille des messageries établies pour toutes les villes voisines et autres avec lesquelles elle a le plus de relation. Ces villes sont Ypres, Warneton, Menin, Courtray, Gand, Bruxelles, Tournay, Cambray, Douay, Paris, Valenciennes, Orchies, Arras, Armentières, Merville, Dunkerque et St-Omer.

La voiture d'*Ypres* part et arrive tous les jours ; on y paie 3 liv. 1 s. 3 d. par tête, et 6 deniers pour la livre pesant de marchandises.

On prend la même voiture pour aller à Warneton, où elle arrive vers midi, tant en allant qu'en revenant ; on y paye 32 s. par tête, et l'on convient pour les marchandises.

La voiture de *Bruxelles* conduit à Menin, à Courtray, à Gand et à Bruxelles. Elle part et arrive régulièrement tous les jours. Depuis la St-André jusqu'à la mi-mars, elle part à 10 heures du matin, couche à Courtray, la première nuit, la seconde à Gand, et arrive à Bruxelles le troisième jour. En tout autre temps, elle part à six heures du matin, couche à Gand, et arrive le lendemain à Bruxelles. Elle suit la même route en revenant. De Lille à Bruxelles on paye 15 liv. par tête, et 2 s. pour la livre pesant de marchandises ; de Lille à Gand, 7 liv. 16 s. 3 d. par personne et 1 sol pour la livre pesant de marchandises ; de Lille à Courtray, 3 liv. par personne et 1 sol pour la livre pesant de marchandises ; de Lille à Menin, 37 s. 6 d. par personne et il n'y a point de taux fixe pour les marchandises.

La voiture de *Tournay* part tous les jours à neuf heures du matin, et arrive aussi tous les jours. Elle ne va que jusqu'à l'Épine, à deux lieues environ de Tournay ; on trouve en cet endroit une autre voiture avec laquelle on achève la route. On paye jusqu'à l'Épine 37 s. 6 d. par personne, et ensuite 12 s. 6 d. jusqu'à Tournay, et pour la livre pesant de marchandises, trois deniers.

Celle de *Cambray* part tous les jours à six heures du matin, depuis la mi-mars jusqu'au mois d'octobre. Elle arrive à Douay à midi, d'où elle part à une heure pour se rendre à Cambray le soir. Pendant les six mois d'hiver elle part aussi tous les jours à neuf heures du matin, arrive le soir à Douay, d'où elle sort le lendemain à neuf heures, pour arriver le soir à Cambray. La même voiture arrive tous les jours à sept heures en été, et à la porte fermante en hiver. On y paye 4 l. 10 s. par personne ; il n'y a point de prix fixe pour les marchandises, pour lesquelles on se sert plus ordinairement d'un chariot, qui part le mercredi et le samedi à midi. Par ce chariot, qui arrive à Cambray le lendemain à midi, on paye 30 sols du cent pesant de marchandises.

Pour aller à *Douay*, il n'y a point d'autre voiture que celle de Cambray, qui, comme on vient de dire, part et arrive tous les jours. On y paye 50 s. par personne, et l'on convient pour les marchandises, pour lesquelles on se sert plus ordinairement de la voiture d'eau : c'est une barque assez grande divisée en plusieurs places, avec des banquettes sur une partie du tillac ; on y est fort commodément. Cette voiture part tous les jours de Lille à huit heures du matin, prend la haute-Deûle jusqu'à Don, où elle entre dans le canal de jonction à la Scarpe, et arrive le soir à Douay. Elle est tirée par des chevaux. On y paye 25 s. par personne et 12 s. 6 d. du cent pesant de marchandises. Elle arrive aussi tous les jours à Lille vers les cinq heures du soir. Ceux qui veulent diner, y sont bien traités moyennant 25 s. par tête le vin non compris. Quand on descend en chemin, pour quitter la voiture, on paye à raison de 3 s. 9 d. environ par lieue.

La voiture pour *Paris* part, depuis le premier d'avril jusqu'au premier d'octobre, à quatre heures du matin, et arrive le lendemain au soir. Pendant les autres six mois, elle part à dix heures du matin, et n'arrive à Paris que le troisième jour. Elle part et arrive de deux jours l'un, tant en hiver qu'en été. On y paye 55 l. par personne et 4 s. pour la livre pesant de marchandises. Cette voiture est fort douce, et moyennant les 55 livres on est logé et nourri en route.

Celle de *Valenciennes* part le mardi, le jeudi et le samedi de chaque semaine, à six heures du matin en été, et à l'ouverture de la porte en hiver. Elle arrive le même jour à Valenciennes, d'où elle revient le lendemain. On y paye 5 l. par personne et 30 s. pour le cent pesant de marchandises.

On profite de la même voiture pour aller à *Orchies* : elle y arrive à midi, et en part immédiatement après le diner. On y paie 50 s. par personne et 20 s. du cent pesant de marchandises.

Celle d'*Arras* part tous les jours à sept heures et demie du matin, tant d'Arras que de Lille et arrive le même jour à cinq heures et demie du soir. On y paye 3 liv. par personne et 50 s. du cent pesant de marchandises. Outre la voiture ordinaire, il y a un chariot qui part le mercredi et le samedi matin de chaque semaine et arrive à Arras le lendemain à midi. Ce chariot n'est que pour les marchandises et l'on y paye le même prix.

La voiture d'*Armentières* arrive tous les jours le matin, et part à cinq heures du soir, depuis le premier d'avril jusqu'au premier d'octobre et à 4 heures en hiver. On y paye 12 f. 6 d. par personne, et il n'y a point de prix fixe pour les marchandises.

Celle de *Merville* part et arrive aussi tous les jours. Elle sort de Lille à huit heures et demie du matin, arrive à midi à Armentières, jusqu'où l'on paye 12 s. 6 d. par personne et le soir à Merville, pour laquelle ville il en coûte 30 s. par personne. On y convient du prix pour les marchandises.

Celle de *Dunkerque* part de deux jours l'un, à 5 heures du matin. Elle arrive le soir et revient le lendemain. On y paye 10 liv. par personne, et un sol de la livre pesant de marchandises.

Celle de *St-Omer* part le lundi, le mercredi et le vendredi, pendant neuf mois, et pendant les trois mois d'hiver deux fois la semaine seulement. Elle arrive le même jour, et revient le lendemain ; elle part à 5 heures du matin. On y paye 9 liv. par tête et un sol la livre pesant de marchandises.

Ces voitures contiennent toutes, six, huit et plus ordinairement dix personnes. Elles sont bonnes et bien fermées. Il y a sur le devant et sur le derrière de grands paniers d'osiers, garantis de toile cirée, pour mettre les marchandises les plus précieuses ; et quand elles sont en petit volume, on les met dans des coffres pratiqués sous les banquettes.

Il y a outre cela des messageries établies pour plusieurs petites villes et gros bourgs de la châtellenie de Lille, tels que Roubaix, Tourcoing,

Commines, La Bassée, Lannoy, Seclin, etc. Ces messageries sont très utiles et à bas prix. On trouve, à leur défaut, des carosses et chaises de louage, dont il y a un grand nombre dans la ville de Lille.

La rivière de *Deûle*, qui passe à Lille, a sa source proche la ville de Lens en Artois. Elle est principalement nourrie des eaux que donnent les fontaines de Quérenchy. Elle coule par les villages de Loison, d'Harnes, de Courrières, de Hantay, de Vendin, de Wingle, de Berclau, de Marquillies, de St Ghin, Don et Santes, et arrive à Lille par Haubourdin.

En 1681, le Roi ordonna de construire le nouveau canal de la haute-Deûle, depuis la rivière de Scarpe, jusqu'aux écluses de Don, pour joindre ces deux rivières. La hauteur des eaux de ce canal est de quatre pieds-de-roi. Celle de la rivière, depuis Don jusqu'à Lille, est de quatre, cinq à six pieds. Les eaux entrent dans la ville par l'arc de Ste-Catherine, par l'arc des Jésuites, et par un aqueduc près de la porte de St-Maurice. Ces dernières passent par le canal de jonction, qui traverse l'esplanade, et gagnent les fortifications, qu'elles longent, pour rejoindre la rivière au-dessous de la ville. Les autres se divisent dans la ville en plusieurs petits canaux, dont quelques-uns plus larges que les autres étoient les anciens fossés de la ville, avant qu'elle fût agrandie ; et se rejoignent, avant que de sortir, à un quai sur lequel se trouve un pont à six arcades, deux au milieu pour le passage des bateaux, et deux de chaque côté pour les voitures et les gens de pied. Ce pont est fort large, et deux voitures passent dessus aisément. A chaque côté est un marche-pied élevé d'environ six pouces et de quatre pieds de largeur. Au sortir de la ville, la rivière prend le nom de basse-Deûle ; passe par les villages de Marquette, Wambrechies, Quesnoy et Deulémont, où elle se jette dans la Lys.

La hauteur des eaux en-dessous de la ville est de cinq, six, sept et huit pieds. Cette rivière n'est navigable que par le moyen des écluses : il y en a à Don, au fauxbourg de Lille, à Wambrechies, à Quesnoy et à Deulémont. La navigation se fait dans la ville par le canal de jonction construit en 1750. Auparavant, on déchargeoit les bâteaux au rivage, qui se trouve à l'entrée de la ville, et on rechargeoit ensuite les mêmes marchandises sur d'autres bâteaux, au quai qui est à la sortie des eaux. Quant aux autres canaux qui arrosent la ville, ils ne portent que de fort petits bâteaux.

Avec tant de facilités et des dispositions si heureuses de la part des habitants, il n'est pas étonnant que le commerce de la ville de Lille soit très florissant ; et il l'est d'autant plus que la nombreuse population de cette ville, jointe à l'industrie singulière de ses habitants, et à la fertilité merveilleuse du pays, concourt puissamment à le soutenir dans le meilleur état. Les manufactures établies à Lille sont considérables et en grand nombre. Elles fournissent des draps, des penchinats, des serges, des ratines, des étamettes et autres pareilles étoffes ; des couvertures de lit, des callemandes larges, étroites, unies, rayées et fleuragées de toutes couleurs ; des camelots larges, étroits, unis, rayés, ondés, gauffrés de toute espèce ; des lampareilles pour l'Espagne, en fin, entre-fin et superfin ; des lamilles de différentes qualités ; des bourracans, des polymis, des crépons, des bourats, des molletons, des velours façon d'Utrecht et autres ; des moquettes en laine et en fil, unies et rayées, ainsi que de plusieurs autres sortes d'étoffes de laine seule ou mêlées de soie, de coton ou de fil de lin. Il sort des autres fabriques, des toiles de ménage de toutes qualités ; des toiles unies et ouvrées de tous desseins et de toutes couleurs, pour faire des habillements, des meubles et des garnitures de lit ; des coutils damassés, fleuragés et unis ; du linge de table de toutes sortes ; des dentelles en soie, en or, en argent et en fil, à l'imitation de celles de Flandres et de Valenciennes ; des galons, des rubans, des tapisseries de haute-lisse, des cuirs dorés, des chapeaux de toute espèce, des cuirs, des marroquins, des bas et autres ouvrages de bonneterie, au tricot et au métier ; des savons blancs et noirs, du papier et du carton. Cette ville est fort renommée pour ses fabriques de fil à coudre et à faire des dentelles On y raffine et blanchit le sucre, le sel et la cire dans la dernière perfection. Il y a des amidonneries, une verrerie aux bouteilles et aux verres blancs, tant pour les vitrages, que pour tout autre usage ; des tanneries, des imprimeries, etc. On travaille actuellement (au mois de juin 1765), à y établir une fabrique de toiles peintes façon des Indes. Il y a des brodeurs, des peintres, des sculpteurs, de fort bons couteliers, des ouvriers et maîtres de tous les arts et métiers, des fileurs, des calandreurs, des apprêteurs, des teinturiers et autres ouvriers fabriquans et artistes de toute espèce. L'apprêt des étoffes y est fort beau, il approche beaucoup de celui des Anglois et l'égale même quand on le demande, que l'apprêt à l'angloise, et la façon de déjarrer les étoffes y sont connus et pratiqués avec succès depuis peu. La teinture y est portée au plus haut point ; on y teint en toute sorte de couleurs, même en verd de Saxe et en écarlate, la soie, le coton et le fil indistinctement. On y fabrique des clous, et on y travaille le fer de toute manière et dans tous les goûts.

Il s'y fait, outre cela, un grand commerce de chevaux et de toutes sortes de bétail, de grain et d'huile de colsat, de lin, de cammamine (*sic*) et autres productions du pays.

Cette ville entretient un commerce considérable, non seulement avec les états voisins, tels que la France, la Hollande, les Pays-Bas et quelques endroits d'Allemagne ; mais encore avec l'Espagne, le Portugal, l'Angleterre, l'Irlande, l'Italie, la Savoye, les pays du Nord et des Indes. Elle a une correspondance directe avec tous les pays étrangers, et fait une banque considérable, ce qui la rend le magasin et l'entrepôt de toutes les villes voisines du Haynault, du Cambrésis et d'Artois, ainsi que d'une partie de celles de Flandres.

Elle fait mouvoir toutes les autres villes des environs, et est l'âme du commerce de tout le pays. Son commerce propre est général et comprend tous les objets qui en sont susceptibles ; il se fait, ou par échange avec d'autres marchandises des pays étrangers, ou en argent. Celui de proche en proche s'y fait par le moyen des canaux et des rivières, par la commodité des voitures, par les grands chemins et par les routes tellement frayées de tous côtés, que cet objet ne laisse rien à désirer pour faciliter l'exportation. Le commerce avec Paris, Lyon, Metz, Amiens et Dunkerque s'y fait de même. Le port de cette dernière ville, ceux de Calais et d'Ostende, servent au chargement des marchandises que les négociants de Lille expédient pour une grande partie de la France, ainsi que pour les pays étrangers. Le produit en argent s'en exporte par la voie du change. Le florin est la monnoie usitée : il y vaut 20 patars, le patar 2 deniers de gros ou 12 deniers ordinaires ; et ce même florin vaut 25 sols en argent de France.

La livre de poids y est de 16 onces, qui équivalent à 14 onces de poids de marc. L'aulne y est de 26 pouces ; le pied de 11 pouces, le pouce de 12 lignes. 38 razières de 120 livres chacune y font un last d'Amsterdam, 19 septiers de Paris et 38 boisseaux de Bordeaux. Les terres s'y mesurent par bonniers : le bonnier contient 1.600 verges quarrées, et la verge 10 pieds-de-roi quarrés.

Les négociants s'assemblent tous les jours à la bourse, pour y traiter d'affaires de banque.

Nous avions demandé de quelles améliorations seroient susceptibles les manufactures et le commerce de la ville de Lille. Le magistrat nous fait l'honneur de nous répondre qu'il seroit difficile de dire en quoi et comment ces deux objets seroient susceptibles d'accroissement et d'amélioration. Les habitants de Lille, nous mande-t-on, qui naissent la plûpart fabriquans et commerçans, semblent avoir porté les fabriques et le commerce au plus haut point. L'attention avec laquelle le magistrat saisit tous les moyens d'amélioration, que peuvent présenter les différentes circonstances, et les avantages qu'il procure à ceux qui s'y prêtent, joints au génie des habitants qui les y porte naturellement, ne laissent rien à désirer à cet égard. Il suffit d'encourager, et le peuple fait le reste.

Quelque forte que soit l'inclination qui porte les habitants de Lille à donner communément la préférence au commerce, cela cependant n'a pas empêché que les lettres n'y aient aussi été cultivées avec succès, et qu'elles n'y fleurissent même encore actuellement autant qu'on peut le désirer d'une ville où cet objet n'est point regardé comme le plus essentiel par le plus grand nombre des habitants. Cette ville a produit des grands hommes en divers genres. On trouve dans ses annales, que *Rimbert* y enseignoit la dialectique l'an 1088, et qu'il tenta le premier, sous les auspices de Robert, comte de Flandres, d'y faire naître le goût des lettres.

Alain de Lille ou de l'Isle, *Alanus de Insulis*, s'acquit dans le treizième siècle une très-grande réputation. Il fut grand théologien, et réunit d'ailleurs tant de connoissances, qu'on lui donna le surnom de *Docteur universel*. Il mourut en 1294 après avoir étonné l'université de Paris, dont il étoit membre, autant par sa mémoire qui étoit prodigieuse, que par la justesse de son jugement. Il ne faut pas le confondre avec un autre Alain, aussi de Lille, qui embrassa l'institut de Cîteaux, se mit ensuite sous la conduite de St-Bernard, fut élevé pour son mérite au siège episcopal d'Auxerre, et revint mourir dans la solitude.

Gauthier de Châtillon, né à Lille, fut un poète de réputation, comme le reconnoît Guillaume le Breton, auteur du poême de Philippe-Auguste et de celui de la bataille de Bouvines.

Parmi les théologiens des derniers siècles, la ville de Lille se glorifie d'avoir donné le jour à *Wallerand de Hangouart*, aumônier de l'empereur Charles Quint, à *Jean Cuvillon*, Jésuite et envoyé du duc de Bavière au concile de Trente, à *Jean Molan*, docteur de l'université de Louvain, et célèbre par plusieurs ouvrages estimés.

Cette ville est aussi la patrie de plusieurs exellens jurisconsultes, que des souverains fort éclairés ont employés dans d'importantes affaires. De ce nombre sont, *Jean Petit-Pas*, très considéré de Philippe, duc de Bourgogne ; *Jean Ruffault, Guillaume* et *Roger de Hangouart,* qui l'un et l'autre étoient dans un pareil degré d'estime auprès de l'empereur Charles-Quint: Roger de Hangouart avoit d'abord été conseiller-pensionnaire de la ville, et mourut conseiller en la chambre des comptes. *Pierre Oudegherst* tient aussi une place honorable et parmi les jurisconsultes et parmi les historiens; on estime sur-tout ses annales de Flandres. *Le Bouck*, conseiller-pensionnaire de la ville de Lille, a fait imprimer la coutume du pays avec des notes sçavantes.

Georges Deghewiet, avocat, fit imprimer en 1736, les institutions du droit belgique, par rapport aux dix-sept provinces et au pays de Liège, avec une méthode pour étudier la profession d'avocat. Cet ouvrage, réimprimé depuis peu d'années, est de 600 pages infolio. L'accueil que le public lui a fait, joint à l'empressement avec lequel on cherche à se le procurer, fait suffisamment l'éloge et de l'ouvrage et de l'habile homme qui l'a composé.

En 1761 le père *Wastellain*, Jésuite, a donné au public la description de la Gaule-Belgique, selon les trois âges de l'histoire, l'ancien, le moyen et le moderne, avec des cartes de géographie et des tables généalogiques. Cet ouvrage, imprimé à Lille, chez Cramé, imprimeur-ordinaire du Roi, est fort estimé des sçavants, et est dédié au maréchal-prince de Soubise, gouverneur de la province.

A. J. Panckoucke, libraire, y donna aussi au public en 1762, un abrégé chronologique de l'histoire de Flandres, depuis le neuvième siècle jusqu'en 1700.

On se gardera bien de compter parmi les sçavants qui ont paru dans cette ville, le nommé *Tiroux*, qui en 1730 fit imprimer une histoire de Lille, dans laquelle, avec une très mauvaise diction, cet homme peu instruit a mêlé quantité d'erreurs de fait et des remarques fabuleuses.

En 1764, M. C. D. S. P. D. fit également imprimer un livre sous le titre d'histoire de la ville de Lille, depuis sa fondation jusqu'en 1434. Mais ce livre contient tant de traits d'irréligion, tant d'erreurs de fait et de fausses citations, que c'est avec justice qu'il a été publiquement désavoué.

Parmi les artistes, on distingue le célèbre *Arnould*, peintre, qui, par la précision et la correction de son dessein, a surpassé tous les peintres flamands, et le nommé *Wamp,* aussi peintre, qui a remporté le premier prix de l'académie de peinture à Paris. Les tableaux du premier ne durent point, parce qu'il épargnoit extrêmement ses couleurs. Ceux du second sont moins bons, mais plus solides et d'un coloris plus brillant.

La châtellenie de Lille, considérée comme district particulier de la Flandre Wallone, est la portion la plus considérable et la plus abondante de la Flandre Françoise. Elle est composée des trois châtellenies, de Lille, de Douay et d'Orchies unies ensemble; et elle est subdivisée en sept quartiers qui sont :

Le *Mélantois,* au midi de la ville de Lille ; Le *Férain,* au nord du Mélantois, et presque entièrement de la dépendance de la maison d'Autriche, depuis la paix d'Utrecht ; L'*Avesne,* ou plutôt la *Wepe,* à l'occident de Lille, entre la Deûle et la Lys ; Le *Carembveld* ou *Carembaut,* au midi du Mélantois et sur les confins de la province d'Artois ; La *Pévèle,* à l'orient du Carembaut, et au N.-O. de la ville d'Orchies ; Le Quartier d'*Awe,* au midi et au-delà de l'Escaut ; Et enfin le *Comté.*

Ces sept quartiers comprennent ensemble cent trente-sept villages et quatre villes. Le sol y est partout d'une fertilité admirable en toute sorte de grains, en lin, en chanvres, en houblon et en pâturages. Il y a longtemps qu'on ne connoît plus les jachères dans cette châtellenie (de Lille). Les terres y rapportent tous les ans. Le travail des hommes et les engrais suppléent à l'année de repos qu'on donne ailleurs aux terres, en sorte qu'on y récolte trois fois contre une et demie en Artois, qui est limitrophe et dont le sol est aussi parfaitement bon, mais beaucoup moins bien cultivé.

Une des maximes essentielles adoptées dans la châtellenie de Lille, relativement à la culture des terres, est que, de tout temps, on y a pris les précautions nécessaires, pour empêcher la réunion de plusieurs exploitations considérables. Il n'y est pas permis à un propriétaire de démolir sa ferme (1) ; et quand elle périt par accident ou par vétusté, on

---

(1) Correction d'après les observations du Magistrat. — On observe à ce sujet qu'à la vérité cela se pratique ainsi dans une partie de la Flandre Autrichienne, mais dans la Flandre Françoise qu'on ne connoît et nommément dans la chatellenie de Lille, loy ni usage reçus qui défendent de démolir une ferme, qui obligent à la rétablir ou qui fixent le nombre de bonniers de terre qu'une même personne peut exploiter.

Cette chatellenie étant fort peuplée, il est de l'avantage des laboureurs qui y sont nombreux et actifs ainsi que celui des propriétaires qui cherchent toujours à augmenter leur revenu de se réunir pour engager à diviser les occupations.

Quant aux fermes on y en démolit tous les jours surtout dans les villages fort peuplés, pour donner les terres par petites parties à différens particuliers qui se logent à leurs frais.

Rien de plus commun que d'y voir des familles entières qui n'exploitent qu'une très médiocre portion de terre et vivent à leur aise. Un travail continuel force en quelque façon la terre à fournir à leurs besoins.

On observe aussi à cet égard, que l'agriculture portée au plus haut point dans la chatellenie de Lille, seroit encore susceptible d'accroissement par le défrichement des marais qui y sont en assez grande quantité. Cette espèce de bien qui, dans la plupart des villages, appartient aux communes est non seulement inutile à l'Etat par le peu de fruit que l'on en tire ; mais elle lui est encore nuisible, par l'oisiveté qu'elle inspire aux habitants des villages qui en ont. On avance comme un fait certain, qu'il

l'oblige à la rétablir. Il y a même des cantons où il n'est permis à un laboureur de cultiver qu'un certain nombre d'arpents de terre. C'est au moyen de ces précautions qu'on ne voit point dans la châtellenie de Lille, comme dans plusieurs autres provinces du royaume, et même dans celle d'Artois qui est limitrophe, ces exploitations immenses d'un seul fermier, qui devient par là le maître de tous les autres habitants de son village. Ces exploitations trop étendues sont un obstacle à la population, et réduisent nécessairement le nombre des habitants d'un village à celui des ouvriers dont le fermier a besoin pour les différens travaux de sa ferme.

Un plus grand nombre ne pourroit y subsister : aussi voit-on qu'ordinairement dans ces villages il ne se trouve aucun particulier aisé. Ces exploitations trop étendues empêchent que les terres ne soient aussi bien cultivées qu'elles pourroient l'être. Elles sont nuisibles au propriétaire et à l'état en général. En effet, il est constant qu'un fermier qui

---

n'y a nulle part plus de pauvres et moins d'activité, que dans le voisinage de ces marais. Le chauffage qu'on y trouve gratuitement par le moyen des terres combustibles, qu'on y lève, la facilité que l'on a d'en faire commerce, malgré les précautions que l'on prend pour l'empêcher, la chasse et la pêche que chacun y pratique, la ressource qu'ils procurent pour la nourriture des bestiaux à des gens désœuvrés qui y trouvent de quoi sustenter misérablement leur vie, et qui, sans cela s'occuperoient à des choses plus utiles, sont autant de causes qui y entretiennent la misère et la fainéantise. Il n'est pas rare d'y voir plusieurs familles entières logées sous des barraques de terre qui, avec un petit bateau, un fusil, des filets et une vache, y passent leurs jours dans l'indolence, l'oisiveté, l'indépendance et la misère.

Cet objet, ajoute-t-on, mériteroit toute l'attention du ministère. Il ne manque ni bras de la part des habitants, ni bonne volonté de la part de ceux qui sont chargés de l'administration, pour opérer ce changement. S'il souffroit quelques petits obstacles de la part de ceux qui y sont intéressés, l'intérêt de l'Etat, celui des communautés, le bien général, en un mot, qu'il procureroit, devroient les faire lever.

La nécessité de mettre la main à l'œuvre devient de tous les jours plus instante. Déjà une partie considérable des marais est passée sous l'eau à cause de l'immensité des terres qu'on en a tiré. Il est même à craindre, si l'on tarde davantage, que cet ouvrage si utile et si désirable ne devienne presque impraticable. C'est avec peine, que l'on voit que, malgré toutes les précautions possibles, il arrive souvent que les fossés qu'on y creuse, saignent les canaux et rivières voisines ; ce qui cause un préjudice considérable non seulement à la navigation ; mais encore aux fabriques de la ville de Lille qui ne peuvent se passer d'eau.

Pour compléter l'article de cette ville, nous ajouterons que ses habitants, de même que ceux de la chatellenie de son nom sont exempts de la confiscation, pour tel crime que ce puisse être, en vertu d'un privilège ancien, dont on ne découvre point l'origine. Ce privilège a été confirmé par lettres des Souverains de 1340, 1563, et 1567, plus récemment par une déclaration des archiducs Albert et Isabelle, du 23 janvier 1613. Outre cela, il a été repris spécialement au nombre des articles de la coutume du pays.

exploite deux ou trois mille mesures de terre, ne peut pas donner à chaque partie en particulier la même attention qu'y donne un fermier qui ne cultive que 150 ou 200 mesures de terre. Il n'y peut pas fournir des engrais en assez grande abondance ; et il oublie trop souvent un objet pour un autre. Il est de notoriété publique que ces oublis ont été poussés dans le voisinage de la ville d'Arras (où l'agriculture n'est certainement pas négligée), et dans certaines années, jusqu'à ne pas penser à ensemencer des corps de terre de 40 à 50 arpents. D'ailleurs, les grandes exploitations ne sont pas, à beaucoup près, couvertes d'une aussi grande quantité proportionnelle de bétail, que si elles étoient divisées entre plusieurs fermiers. Par conséquent les engrais n'y peuvent pas être assez considérables, ni les moissons en totalité également abondantes en proportion de ce qu'elles auroient été ou pu être, si l'exploitation avoit été divisée ou partagée entre plusieurs fermiers.

Les grandes exploitations sont nuisibles aux propriétaires, à cause que le fermier ne peut pas donner à chaque objet la même attention qu'il y donneroit, s'il n'étoit chargé que d'une médiocre exploitation. Il n'est pas possible qu'il fume les terres aussi bien et aussi souvent qu'il seroit nécessaire ; il ne peut pas par-conséquent affermer un gros objet sur le même pied que le sont de moindres parties. Il suit de-là que le propriétaire ne tire pas de son domaine un parti aussi avantageux qu'il en tireroit si ce domaine étoit divisé en plusieurs fermes. C'est cette considération qui a déterminé quantité de seigneurs et de particuliers à partager les exploitations trop considérables. Elles ne sont la plûpart favorisées et soutenues que quand elles consistent en biens d'abbayes et de chapitres, dont les gens d'affaires ne veulent pas de division, parce que leur recette est moins embarrassante.

L'état en général ne peut aussi que perdre par ces grandes exploitations. Son intérêt est que les terres susceptibles de culture se multiplient, que leurs produits augmentent, et que tout obstacle à la population soit levé. Or, c'est un fait notoire que plus il y a d'exploitations différentes dans un canton, plus aussi il y a d'habitants et d'aisance parmi eux. Il est également notoire que les fermiers des exploitations considérables sont des espèces de petits despotes dans leurs villages, et que nul habitant n'ose leur refuser les choses les plus injustes. Si le cas arrivoit, le fermier cesseroit de labourer les petits coins de terre que cet habitant possède, le priveroit de travailler à sa moisson et par conséquent le rendroit misérable au point de le forcer à quitter son habitation.

Tout concourt donc à faire valoir, à relever non seulement le sol et les productions, mais encore le génie, les mœurs, les usages, les loix, la police et l'administration des habitants de la châtellenie de Lille.

Pour compléter cet article concernant l'agriculture de la châtellenie de Lille, nous donnerons ici le prix du septier de froment, mesure de Paris, pesant 240 livres, poids de marc, tel qu'il étoit dans la première quinzaine du mois de juin dernier (1765), non-seulement dans le district de cette châtellenie, mais encore dans toute l'étendue de la généralité de Lille ou de Flandres :

A Lille	18 livres 14 s. 3 d.		A St-Omer......	18 livres 13 s. 1 d.
A Douay......	17 — 4 — 9 —		A Aire.........	16 — 6 — 3 —
A Dunkerque..	21 — 0 — 0 —		A Béthune......	18 — 2 — 5 —
A Bergues	20 — 11 — 5 —		A Bapaume	16 — 2 — 1 —
A Gravelines ..	19 — 3 — 0 —		A Hesdin.......	17 — 1 — 4 —
A Cassel	24 — 0 — 0 —		A St-Pol	11 — 14 — 0 —
A Bailleul.....	20 — 15 — 8 —		A St-Venant.....	21 — 0 — 0 —
A Arras	19 — 0 — 3 —			

Nous avons dit à l'article de *Flandres,* que la généralité et intendance de ce nom étoit divisée en plusieurs subdélégations, dont celle de Lille est la première. Avant la dernière fixation des limites, cette subdélégation étoit composée de 159 paroisses ou communautés affouagées, dans lesquelles on comptoit 34.544 feux. Ces paroisses ou communautés étoient celles qui suivent :

Dénombrement de la Subdélégation de Lille qui comprend la gouvernance et la châtellenie de Lille, avec la ville d'Orchies et quelques terres franches.

Paroisses.	Feux.	Paroisses.	Feux.
Allennes-en-Carembault..........	119	Bailleul pas à vânes............	10
Annapes	184	Baisieux.....................	128
Anneulin.....................	301	Bas Warneton	54
Anstaing.....................	41	Bassée, ville et dîmage...........	365
Antrœuilles...................	2	Bauvin......................	104
Armentières-ville..............	984	Beaucamps	147
Armentières-paroisse	292	Blandin, châtellenie............	8
Ascq.........................	244	Blandin, empire...............	73
Attiches......................	136	Bondues	130
Aubert, châtellenie.............	46	Bourghelles..................	33
Aubert, empire................	113	Bousbecque	142
Aubezies.....................	3	Bouttillerie	45
Avelin.......................	155	Bouvisne....................	62
Bachy	105	Camphin-en-Carembault........	119

Paroisses.	Feux.	Paroisses.	Feux.
Camphin-en-Pevèle	104	Hantay	48
Capinghem	51	Haubourdin	240
Cappelle	80	Helemmes	71
Carnin	44	Hem	176
Caverines et Langlée	22	Herlies, châtellenie et empire	109
Censsier du Temple V. l'Homme		Herrin	50
Chemy	52	Homme (L') et le censier du Temple	213
Chereng, châtellenie	84	Hovardrie	34
Chereng, empire	22	Houplin-lez-Seclin	138
Cisoing ou Chisoing	261	Houplines sur la Lys	303
Cobrieux	65	Illies	117
Comines, ville	362	Langlée V. Caverines	
Commines, paroisse	282	Lambersart	90
Croix	158	Lannoy	279
Deuslemont	140	Laye	11
Dottignies	32	Leers	132
Emerin, châtellenie	46	Lesquins	85
Emerin, empire	82	Lezennes	8
Englos	74	Ligny	10
Ennechin, la Royère et S/Courtray	61	Lille, ville, etc	11284
Ennetières	254	Linselles, châtellenie	202
Enneulin	178	Linselles, empire	350
Erquingueghem-s-Lys	332	Lompret	61
Erquingueghem-le-Sec	45	Loos	132
Escobecques	257	Louvy	62
Esplechin	61	Loy d'Arras (La)	59
Esquermes	111	Lys-lez-Lannoy	117
Estevelle	26	Magdelaine	15
Faches	68	Maisnil	129
Faulquissart	24	Marcq-en-Barœul	391
Fief-de-Mesplau	200	Marcq-en-Pevèle	54
Fives	137	Marquette-lez-Lille	101
Flers	234	Marquillies	132
Florent	19	Merignies	59
Frelinghien	308	Moncheaux	88
Fretin, châtellenie	187	Mouchin	132
Fretin, empire	28	Mons-en-Barœul	122
Fromelles	221	Mons-en-Pevèle	222
Fournes	242	Mourcourt	5
Genech	130	Mouveaux	221
Gondecourt	190	Neufville-en-Ferain	156
Gorgue (La)	196	Neuville-en-Phalempin	44
Grusons	43	Noyelles	46
Guignies	45	Orchies, ville	416
Hallennes	57	Ostricourt	78
Hallewin	398	Pérenchies	70

Paroisses.	Feux.	Paroisses.	Feux.
Peronne	60	Templeuve en Dossenée	149
Pestrieux	14	— en Pévèle	444
Phalempin	173	Thumeries	81
Pottes	56	Toufflers	50
Pont-à-Vendin	122	Tourmignies	25
Prémesque	150	Tressin	38
Provin	70	Tourcoing	1321
Quesnoy-ville	489	Vendeville	60
Radinghem	234	Wahagnies	78
Ronchin	84	Wambrechies	522
Roncq	277	Warneton Voyez Bas	
Roubaix	675	Wasquehal	254
Salommé	77	Watrelos	500
Santes	260	Wattignies	139
Seclin	418	Wavrin	340
Sequedin	101	Wazemmes	63
Sailly-lez-Lannoy	58	Welaines ou Velaines	42
Saint André	21	Willem, châtellenie	26
Saint Ghin	132	W em, empire	99
Templemars, châtellenie	7	Wrelinguihem	229
Templemars, empire	83	Wiccres	22

159 paroisses.................... 34.541 feux.

CORRESPONDANCE

de l'abbé EXPILLY et du Magistrat de Lille

A L'OCCASION

DU DICTIONNAIRE DE GÉOGRAPHIE DES GAULES

Avignon, 26 avril 1765.

MESSIEURS,

Jaloux de donner dans mon dictionnaire des Gaules et de la France un article de la ville de Lille qui soit également bon, exacte et intressant, je viens en conséquence vous prier de vouloir bien me fournir sur cette matière tous les renseignemens qui dépendront de vous. Ne craignez pas, Messieurs, d'entrer dans de trop long détails, je suis si disposé à bien servir votre ville qu'il n'est rien que je ne fasse pour constater la sincérité de ce sentiment ; une seule chose me peine, c'est que j'aurois besoin du mémoire que j'ay l'honneur de vous demander avant le premier de juin prochain, le tems est fort court, mais il suffira si vous voulez bien faire rédiger par différentes personnes les divers articles dont vous vous serez déterminez à me donner communication, vous pourriez ensuite me faire passer le tout en un seul paquet, ou par M. le controlleur général, ou par M. de La Tour premier président du parlement et intendant de Provence.

J'ay ensuite à vous offrir et à vous prier, Messieurs, de vouloir bien accepter en présent un exemplaire des trois premiers volumes de mon dictionnaire qui sont imprimés, s'il vous plait de ne me pas refuser, je ferais remettre cet exemplaire à Lyon à l'adresse que vous voudrez bien m'y donner, c'est un hommage que je me propose de rendre en vos personnes à la ville de Lille si digne à tous égards des sentimens de tous bons citoiens.

J'ay l'honneur d'être avec le plus respectueux dévouement,

Messieurs,

Votre très humble et très obéissant serviteur,
Signé : l'abbé EXPILLY.

[Archives communales de Lille. Carton n° 736, dossier 9.]

Lille ce 18 may 1765.

MONSIEUR,

Nous avons reçu la lettre que vous nous avez fait l'honneur de nous écrire le 26 du mois dernier et nous travaillons en conséquence à former nos observations sur les différens éclaircissemens que vous nous demandez par le mémoire joint ; nous vous les adresserons le plutot possible, mais nous ne prévoyons point pouvoir le faire pour le premier du mois prochain ainsi que vous le désiré.

Nous vous sommes très obligé, Monsieur, de l'offre que vous nous faite de nous adresser un exemplaire des trois premiers volumes de votre dictionnaire des Gaules et de la France, nous les acceptons avec plaisir et nous vous prions de placer le corps de cette ville au nombre des souscripteurs, nous vous ferons parvenir le prix de cette souscription lorsque nous en sçaurons l'importance et en attendant vous pouvez envoyer les trois premiers volumes de votre ouvrage à Messieurs Campredon, Treilles et Poumairot négocians à Lyon qui se chargeront de nous les faire parvenir.

Nous avons l'honneur d'être très parfaitement,

Monsieur,

    &c.

[Archives communales de Lille. Carton n° 736, dossier 9.]

Avignon, 31 may 1765.

MESSIEURS,

J'ai reçu par le dernier ordinaire et par la voye de M. l'intendant de Provence la réponse obligeante dont il vous a plut de m'honorer datée du 18 du courant.

Les détails, mémoires, ecclaircissemens et renseignemens que vous voudrez bien me procurer sur la ville de Lille seront employés dans mon ouvrage avec autant de soin que d'empressement, charmé, Messieurs, de faire connoître à toute l'Europe la ville de Lille pour un des plus beau fleuron de la couronne de France, ne doutés pas je vous prie de mon zèle à vous bien servir.

Vous insisterés, Messieurs, je l'espère sur le commerce de votre ville et sur les améliorations dont il seroit susceptibles, c'est autant l'avantage que la gloire de la nation que je me propose dans mon ouvrage, il est par conséquent bien certain que je ne négligerai jamais rien de ce qui pourra contribuer à ce double objet.

Il seroit, Messieurs, superflu que travaillant comme je fais depuis plus de vingt ans sur toutes les parties de production et d'administration du royaume, je vous annonçasse que jamais la France ne fut aussi riche, aussi puissante, aussi abondante en ressource et aussi heureuse qu'elle l'est présentement, c'est là une vérité qui sans doute vous étoit connue, mais qui m'a frapé d'autant plus que j'étoit plus étonné de l'audace avec laquelle certains écrivains s'efforçoient, surtout dans ces derniers tems, de prouver le contraire et non par des allégations que je les refute.

Je viens, Messieurs, d'ordonner que l'on remit selon vos intentions les trois premiers volumes de mon dictionnaire des Gaules et de la France à Mrs Campedon, Treilles et Poumairol négotians à Lyon que vous avez chargez de vous les faire parvenir et j'ay en même tems fait écrire parmi les souscripteurs le corps de ville de Lille ; les volumes suivans vous seront remis de ma part avec la même attention, mais vous ne trouverez pas mauvais, Messieurs, que je n'accepte point le payement de cet exemplaire, c'est un présent que j'ay voulu vous en faire et jamais je ne me suis proposé chose en vous l'offrant par ma lettre du 26 avril dernier, que de rendre, Messieurs, en vos personnes à la ville de Lille un hommage de zèle et d'attention, il y a longtems que je me seroit aquitté de ce devoir si j'eusse pu soupçonner qu'il vous eut été agréable, je sçavois combien la ville de Lille s'intéressoit à la gloire du Roy et au bonheur de la nation, quels sentimens ne devois-je donc pas avoir pour cette ville, moy qui suis si intimement persuadé qu'il n'est point de lien qui unisse si puissamment les sujets au souverain.

Foible expression au reste, Messieurs, que celle par laquelle je tache de vous constater mon attachement à votre ville en vous faisant présent d'un exemplaire de mon ouvrage, des occasions plus marquées ne vous laisseroient certainement pas douter qu'il seroit bien difficile d'ajouter aux sentimens de zèle et de considération avec lesquels j'ay l'honneur d'être,

Messieurs,

Votre très humble et très obéissant serviteur,
Signé : l'Abbé Expilly.

P. S. Je vous serois obligé, Messieurs, de vouloir bien me faire passer les renseignements dont j'ai eu l'honneur de vous prier à mesure qu'il y en aura de parties achevées. J'espère que vous me mettrez aussi en état de rendre un compte exact et très détaillé des divers tribunaux établis dans votre ville ainsi que de leurs jurisdictions, du nombre de sujet dont ils sont composés, de la finance de leurs charges et de même que des maisons religieuses, édifices publics et autres établissemens dignes de remarque ; quant à la population on assure que la ville de Lille contient en tout 8.000 maisons. 11.284 familles et environ cinquante mille habitans. Ce calcul seroit-il exacte ?

Je verrais aussi avec plaisir des détailles sur les messageries et autres voitures publiques, ainsi que les prix par place et celuy par poids des effets, je suis un peu pressé d'avoir ces renseignemens.

[Archives communales de Lille. Cartons n° 736, dossier 9.]

Lille, le 23 juin 1765.

MONSIEUR,

Nous vous sommes très obligés des ordres que vous avez donnés pour nous faire parvenir un exemplaire de votre dictionnaire imprimé des Gaules et de votre attention à nous faire écrire dans le nombre des souscripteurs pour la suite de cet ouvrage ; nous vous envoyons, Monsieur, le détail que vous avez demandé concernant cette ville, nous espèrons que vous le trouverez aussi étendu que vous le désirez et nous vous prions d'être persuadé de notre empressement à trouver l'occasion de vous témoigner notre reconnoissance.

Nous avons l'honneur d'être très parfaitement,
Monsieur,
&c.

[Archives communales de Lille. Carton n° 736, dossier 9.]

Avignon, ce 8 juillet 1765.

MESSIEURS,

Le mémoire que vous avez bien voulu me fournir sur la ville de Lille m'est venu conjointement avec la lettre dont vous m'avez honoré le 23 du mois dernier par la voie de M. Delatour premier président du parlement et intendant de Provence.

Je vous fait, Messieurs, mes remerciemens bien sincères de ce que vous avez bien voulu me mettre en état de faire connoitre à la ville de

Lille, quels sont mes sentiments pour cette place que je regarde comme
l'un des plus beaux fleurons de la couronne ; j'ay aussi à vous remercier,
Messieurs, de ce que vous avez bien voulu agréer la marque d'attention
que je me suis fait un honneur et un devoir de donner à la ville de
Lille en corps et à vous en particulier, Messieurs, par l'exemplaire de
mon ouvrage que j'ai fait remettre selon vos intentions à Mrs Campredon,
Trailler et Pourmerol négocians à Lion. Ces Messieurs m'ont mandé que
ne faisant leur envoye pour la Flandre qu'en aoust prochain, ils ne
pourront vous expédier qu'alors les trois volumes en question.

J'ai l'honneur d'être avec bien de la reconnoissance et avec une
infinité d'autres sentimens tous caractérisés par le zèle et le respect,

Messieurs,

V. T. H. &c.

Avignon, le 22 novembre 1765.

Messieurs,

J'adresse par cet ordinaire à M. Jannel chevalier de l'ordre du Roy,
intendant général des postes de France, avec prière de vous le faire
passer, un exemplaire de mon nouveau volume pour la population de
la France. C'est un nouvel hommage que je me suis fait un honneur et
un devoir de présenter à la ville de Lille dont j'admire la célébrité, ainsi
que les mœurs et le zèle de ses habitans.

Vous trouverez, Messieurs, au commencement de ce volume l'article
de la ville de Lille tel que je l'emploie dans le 4e volume de ce dictionnaire des Gaules et de la France, dont j'auray aussi incessament
l'honneur de vous faire hommage.

Si vous jugés à propos de faire des changemens ou des additions à
cet article, vous me trouverez très disposez à vous complaire, vos
ordres devront me parvenir sous le couvert de M. de Jannel (ci-dessus).

Rien n'égale mon zèle pour votre ville ainsi que pour vos personnes,
il est donc bien vrai que j'ai l'honneur d'être avec le plus respectueux
dévouement,

Messieurs,

Votre très humble et très obéissant serviteur,
Signé : l'abbé Expilly.

Lille, ce 21 décembre 1765.

Monsieur,

Nous avons reçu il y a quatre jours avec le volume de la population l'article concernant cette ville que vous nous avez annoncez par la lettre que vous nous avez fait l'honneur de nous écrire le 22 du mois dernier et comme nous avons remarqué qu'il est nécessaire d'y faire quelque changemens ou additions, nous vous prions, Monsieur, de ne point l'employer sitot dans votre quatrième volume, nous ne tarderons pas à vous adresser nos observations et réflexions à ce sujet.

Nous avons l'honneur d'être très parfaitement,

Monsieur,

&c.

[Archives communales de Lille. Carton n° 736, dossier 9.]

Lille, le 10 janvier 1766.

Monsieur,

Nous avons l'honneur de vous envoyer les observations que nous avons crus devoir faire sur l'article concernant cette ville que vous vous proposez d'insérer dans le quatrième volume de votre ouvrage ; nous espérons que vous voudrez bien y avoir égard ; nous sommes très sensibles aux peines que vous vous êtes données à ce sujet et nous vous prions, Monsieur, d'accepter trois services de table de la fabrique de cette province que nous vous adressons à Paris sous l'enveloppe de M. Jannet que vous nous avez cy-devant indiqué.

Nous avons l'honneur d'être très parfaitement,

Monsieur,

&c.

[Archives communales de Lille. Carton n° 736, dossier 9.]

Extrait des registres aux résolutions des Magistrats de la ville de Lille de l'année 1766.

Le neuf janvier 1766, la Loy assemblée, raport fait que M. l'abbé Expilly demeurant à Avignon auteur du dictionnaire des Gaules, avoit fait présent à cette ville d'une partie de son ouvrage ainsy qu'il paroissoit de sa lettre du 26 aoust dernier et que quoy qu'on lui ait marqué le 18 may suivant de placer le corps de cette ville dans le nombre des souscripteurs pour ledit ouvrage, il avoit fait sa réponse le 31 du même mois qu'il avoit fait écrire notre corps parmy les souscripteurs, mais qu'il nous prioit de ne point trouver mauvais qu'il n'en accepte point le paiement, la matière mise en délibération, raport qu'il avoit six volumes de cet ouvrage dont le prix de la souscription étoit d'un louis pour chacun ce qui faisoit 144 l. pour le tout, il a été résolu d'emploier jusqu'à la somme de 300 l. de France ou environ en achat de service de linge de table de la province, pour les envoier au sieur abbé Expilly.

[Archives communales de Lille. Carton n° 736, dossier 9.]

Avignon, le 3 février 1766.

Messieurs,

Je viens de recevoir par M. de Jannel, intendant général des postes de France un paquet contenant trois services de linge de table, dont il a plu à la ville de Lille de me gratifier ; plus, Messieurs, j'étois éloigné de prétendre à des marques de reconnoissanse de votre part, plus je suis touché de la générosité de votre procédé à mon égard. Sans doute, Messieurs, que les foibles marques de zèle que j'ay été assez heureux de pouvoir donner à la ville de Lille vous ont été assez agréables, mais j'étoit très parfaitement satisfait d'avoir réussi à vous faire connoitre qu'elle étoit ma façon de penser pour une ville où il ne reste rien à désirer, si j'en excepte vos ordres dont j'avois eu l'honneur de vous prier.

Le 20 décembre dernier vous voulutes bien, Messieurs, me mander que vous ne tarderié pas à me faire passer par M. de Jannel, des additions à l'article de Lille, qui doit être employé dans le quatrième volume de mon dictionnaire et que j'avois eu l'honneur de vous communiquer conjointement avec mon nouveau volume de la population de la France, je viens, Messieurs, vous réiterer mes instances au sujet de vos additions que je devrois recevoir avant le 1ᵉʳ avril prochain pour pouvoir les emploier dans ce quatrième volume dont l'impression sera terminée dans ce même mois d'avril.

Je joint sous ce pli des modèles que serois, Messieurs, fort de vouloir bien faire remplir avec toute l'exactitude possible par Mʳˢ les curez des paroisses de la ville et banlieue de Lille ; vous pourriez ensuitte me les faire revenir par M. de Jannel, c'est pour la suitte de mon ouvrage sur la population de la France.

J'ay l'honneur d'être avec bien de la reconnoissance et avec un respectueux dévouement,

Messieurs,

Votre très humble et très obéissant serviteur,

A Avignon, le 3 février 1766.   Signé : l'abbé EXPILLY.

[Archives communales de Lille. Registre aux lettres reçues n° 162, folio 107 v°.]

Lettre écritte à M. l'abbé Expilly à Avignon sous l'enveloppe de M. Jannel, chevalier de l'ordre du Roy, intendant général des postes et relais de France en son hotel à Paris.

Lille le 14 février 1766.

MONSIEUR,

Nous avons reçu la lettre que vous nous avez fait l'honneur de nous écrire le 3 de ce mois par laquelle en nous annonçant la reception du paquet de service de linge de table que nous vous avons adressé dans la confiance que vous voudrez bien agréer cette marque de notre reconnoissance de vos bienfaits envers cette ville, vous nous marquez que vous n'avez point reçu les additions que nous avons faites à l'article qui la concerne, mais comme ce détail d'additions se trouvoit avec le linge de table dont il n'étoit séparé que par une toile d'emballage, nous avons chargé le commissionnaire de cet envoy d'écrire directement à M. Jannel pour qu'il fasse visiter de nouveau le paquet en le priant de vous adresser directement les papiers qui sont sous cachet dans une envelope particulière et nous espérons, Monsieur, qu'il les trouvera et même qu'ils vous seront véritablement parvenus avant la présente, mais si contre toute attente ce paquet étoit égaré, nous vous prions de nous en informer pour que nous puissions promptement suppléer à cette perte par une copie du mémoire concernant cet objet dont nous avons conservé la minute ; nous ne tarderons pas à vous envoyer les ultérieurs esclaircissemens que vous nous demandez par votre dernière.

Nous avons l'honneur d'être, &c.

[Archives communales de Lille. Registre aux lettres écrites n° 191, folio 56 v°.]

DICTIONNAIRE DES GAULES.

Ledit jour 15 février 1766, il a été fait lecture d'une lettre écritte par M. l'abbé Expilly auteur du dictionnaire des Gaules le 3 de ce mois par laquelle il nous demande différens éclaircissemens concernant le dénombrement des mariages, des naissances et des morts dans l'ordre contenu en différentes feuilles par luy envoyés à cet effet, la matière mise en délibération, il a été résolu de le satisfaire sur cet article autant qu'il seroit possible.

[Archives communales de Lille. Registre aux résolutions du Magistrat, n° 314, folio 37 v°.]

———————

Lettre écritte sous envelope à M. Jannel chevalier de l'ordre du Roy et intendant général des postes et relais de France, à M. l'abbé Expilly à Avignon.

A Lille le 15 may 1766.

MONSIEUR,

Nous avons l'honneur de vous envoier quelques modelles imprimés que vous nous avez adressés par votre lettre du 3 février dernier. Nous n'avons pas pu remplir les dix dernières années parce qu'il y a plusieurs registres des années précédentes qui ne se retrouvent pas malgré les recherches les plus exactes que l'on a put faire.

Nous sommes, &c.

[Archives communales de Lille. Reg. aux lettres écrites, n° 191, folio 67.]

———————

A Avignon, ce 26 may 1766.

MESSIEURS,

Avec la lettre dont vous m'avez honoré le 15 du courant j'ay aussi reçu les trois feuilles de relevé des naissances, mariages et morts qui y étaient joints.

Comme le nom des paroisses n'est point marqué sur chacune de ces feuilles, il m'est impossible d'en faire usage. Cela m'engage, Messieurs, à vous les renvoyer en vous priant d'y vouloir bien y faire ajouter les noms des paroisses à qui appartiennent ces feuilles.

J'ay aussi à vous prier de vouloir bien faire remplir aux autres models comme j'ay eu l'honneur de vous faire passer le 1er février dernier.

Il n'en seroit certainement que mieux si l'on pouvoit avoir les dix dernières années du siècle passé, mais il n'y aura qu'à la négliger dans le cas qu'elle couteroit trop de soin, quant aux dix années de ce siècle, elles ne peuvent qu'être très exacte surtout depuis la déclaration du Roy de 1736. J'espère en conséquence que vous ne me refuserés pas, Messieurs, de me le procurer le plutot possible par la voie de M. de Jannel.

Au premier jour dès que je seray informé que mon 4ᵉ volume aura été présenté au roy, j'auray, Messieurs, l'honneur de vous faire parvenir l'exemplaire de ce volume que j'ay destiné en présent en hommage à la ville de Lille ; que n'ais-je de meilleurs occasions de faire connoitre les sentiments de zèle, de respect et d'attachement dont je suis pénétré pour cette ville à tous égard l'un des plus beau fleuron de la couronne.

Vous trouvrés, Messieurs, à l'article de Lille, l'addition et changement que vous avez paru désirer.

J'ay l'honneur d'être avec les sentimens les plus distingués et le plus vif pour vos personnes,

Messieurs,

Votre très humble et très obéissant serviteur,

Signé : l'Abbé EXPILLY.

[Archives Communales de Lille, Registre aux lettres reçues nᵒ 162, folio 123 vᵒ].

Lille le 11 juin 1766.

MONSIEUR,

Nous avons reçu la lettre que vous nous avez fait l'honneur de nous écrire le 26 du mois dernier comme le détail que vous nous demandé par raport au nombre des batèmes, mariages et morts des différentes paroisses de cette ville, demanderoit bocoup de témps et seroit dispendieux, nous croions qu'il est possible d'éviter cet opération et que le public sera également satisfait en voiant le total des sept paroisses de cette ville.

C'est dans cette confiance, Monsieur, que nous vous adressons les feuilles que vous nous avez ci-devant envoyer, ausquelles nous joignons celles que nous avions conservés pour y avoir recours au besoin.

Nous sommes, &c.

[Archives communales de Lille. Registre aux lettres écrites nᵒ 191, folio 72 vᵒ]

Avignon le 15 septembre 1766.

MONSIEUR,

Voici un mandat sur lequel sera remis à Lion l'exemplaire du quatrième volume de mon dictionnaire que j'ay destiné à présent à la ville de Lille.

C'est, Messieurs, une nouvelle marque d'attention que je me suis fait un honneur, un plaisir et un devoir de donner à cette ville illustre, si vénérable et si recommandable à tous égards.

Vous trouverez, Messieurs, je l'espère, que l'article est bien traité et il n'a pas dépendu de moy qu'il ne le fut encore avec encore plus de distinction, des matériaux plus étendus m'eussent mis à porté de mieux faire connoitre ma prédilection pour cette ville qui la mérite à tant d'instars et surtout par l'attachement, le zèle et la fidélité de ses habitans.

C'est à la page 952 de ce même volume, car j'ay emploié les additions et corrections que vous avez voulu, Messieurs, me faire parvenir dans les temps. Le moien d'addition à chaque volume me laisse la liberté de revenir sur mes pas, et par conséquent me faire espérer de pouvoir être encore utile à la ville de Lille dans le cas où vous jugerié à propos de me faire passer de nouveaux enseignemens.

Recevez, Messieurs, les assurances bien certaines de mon attachement et de ma vénération pour chacun de vous en particulier, ainsy que du respectueux dévouement avec lequel j'ay l'honneur d'être,

Messieurs,

Votre très humble et très obéissant serviteur.

Signé : l'abbé EXPILLY.

[Archives communales de Lille. Registre aax lettres reçues nº 162, folio 136 vº]

Avignon le 4 mars 1768.

MESSIEURS,

J'ay l'honneur de vous adresser sur ce ply un mandat sur lequel sera remis à Paris l'exemplaire du cinquième volume de mon dictionnaire des Gaules et de la France, dont je fais présent en hommage à la ville de Lille, c'est la suitte des autres volumes de cette ouvrage que j'ay déjà fait parvenir à cette ville également illustre et célèbre dont vous relevés, Messieurs, le lustre et le bonheur par la sagesse de votre administration.

Ce devoir dont je m'aquitte aujourd'huy me flatte d'autant plus qu'il me procure en même tems la satisfaction de retracer les sentimens du zèle et de la vénération dont je suis pénétré pour la ville de Lille ; je souhaite, Messieurs, des occasions de faire éclater ces sentimens aussi bien que ceux de haute considération et de respectueux dévouement evec lesquelles j'ay l'honneur d'être,

   Messieurs,

Votre très humble &c.

[Archives communales de Lille. Registre aux lettres reçues n° 163, folio 97].

A Lille le 21 mars 1768.

Nous avons reçu, Monsieur, la lettre que vous nous avez fait l'honneur de nous écrire le 4 de ce mois et le mandat qui étoit y joint. Nous vous prions de recevoir tous nos remerciemens du nouveau présent que vous voulez bien nous faire et d'être persuadé que nous conserverons dans tous les tems le souvenir de cette distinction qui nous flatte encore plus par la haute estime que nous avons pour l'auteur du dictionnaire des Gaules.

Nous avons l'honneur d'être, &c.

[Archives communales de Lille. Registre aux lettres écrites n° 192, folio 23].

Réponse du Magistrat de Lille aux éclaircissemens demandés par M. l'abbé Expilly.

1.

Pourquoy précisement cette ville a-t-elle le nom de Lille ?

Lille, isla, illa, insula, insulæ, castrum illense, ville grande, forte, belle, peuplée, commerçante, riche, capitale de la Frandre françoise, résidence ordinaire du gouverneur de la province et de l'intendant, premier membre des Etats du pays, chef-lieu d'une subdélégation de son nom, aiant un bureau des finances, une gouvernance, un bailliage, un siège eschevinale et municipale, une jurisdiction des eaux et forets, une cour des monnoyes, une maréchaussée, une chambre de commerce et une chambre consulaire, située sur la Deusle dans le diocèse de Tournay, ressort du parlement de Douay, au 50e degré 49 minuttes de latitude et au 20e de longitude, distante de Paris de 50 lieues, à sept lieues de Douay, 5 de Tournay,

3 de Warnedton, 3 d'Armentières, 3 de Menin, 5 de Courtray, 13 de Gand, 15 de Dunckerque, 15 de Mons et 5 d'Orchies.

La ville de Lille n'est point fort ancienne et son origine la plus reculée ne monte point au dela du 7e siècle ; Buzelin cite une cronique flamende où l'on lit que Jules César aiant bati Gand dans l'endroit où la Lys se joint à l'Escaut mena ses troupes dans des lieux marécageux environés de bois où il battit le chateau du Buc dans le dessein de s'en faire un point d'appui contre les peuples nouvellement vaincus au cas qu'ils se révoltassent.

L'on ne voit pas cependant quel usage il a été fait de ce chateau ni même s'il a été habité jusqu'au règne de Clotaire 7e Roy de France. Depuis la conquête commencée par Pharamond, un voile obscure couvre ce qui s'est passé dans ces siècles reculés. Les historiens raportent que pour remédier aux désordres que commettoient dans les forets de la Flandre une infinité de brigands qui s'y étoient retirés, Clotaire y envoya Lidéric fils du comte de Dijon qui établit son séjour dans la forteresse du Buc dont l'on vient de parler et que la sécurité que les peuples trouvoient sous ses auspices aux environs de ce chateau y attira des habitans qui donnèrent par la suitte naissance à la ville de Lille.

Le sol étoit marécageux comme il l'est encore aujourd'huy et les habitans par leur travail s'élevèrent au-dessus du marais souvent inondé par la crue des eaux et firent ainsi de leur ville naissante une espèce d'isle. C'est l'origine la plus vraisemblable du nom isla qui dans la basse latinité est le synonime du mot insula, isle. Dans la suite la ville trop retrécie étendit son enceinte, les divers canaux qu'elle creusa dans son augmentation pour se mettre au dessus des eaux formèrent plusieurs isles qui subsistent encore aujourd'huy et c'est de là qu'est venu vraisemblablement le nom latin moderne insulæ.

Elle n'a cependant commencée à être connue que dans le moien age d'abord sous le nom d'isla ou illa et ensuite sous celuy d'insula. Le premier nom se trouve pour la première fois dans une chartre de Bauduin Débonnaire comte de Flandres donnée en 1066 pour la fondation du chapitre de St Pierre ; selon cet acte isla est le nom que les ancêtres du prince donnoient à cette ville : locum a progenitoribus illa nuncupatum. On avoit commencé dès l'an 1030 à l'entourer de murailles avec un large fosset, quatre portes et un chateau, ce qui la fait nommer dans la même chartre Castrum illense. Il y est encore fait mention d'une monnoie usitée à Lille, in moneta illensi, façon de parler qui n'est propre qu'aux villes célèbres et qui annonce que dès lors elle étoit considérable ; elle fut détruite en 1214 par Philippe Auguste et doit à ce désastre son premier accroissement puisqu'en 1235 l'on y comptoit quatre paroisses dont l'une ditte de St Sauveur située vers le midi s'étend fort loin de son premier enceinte. En 1617, elle fut aggrandi du cotté du levant, et l'on y incorpora une partie de la paroisse de La Magdelaine, en 1605 celle de Ste Catherine vers le couchant et en 1670 celle de St André du côté du Nord ; elle a actuellement environ deux petites lieues de tour et une demie lieu de longueur, elle est beaucoup plus longue que large. Cette ville a appartenu longtems aux comtes de Flandres qui sortoient des forestiers desquels elle tient son existence, elle doit sa splendeur première à Bauduin le Débonnaire qui fut à ce sujet nommé Bauduin de Lille ; elle fut prise par Philippe le Bel en 1296 après un siège de trois mois, Guy comte de Flandres en fit le siège et s'en remit en possessions six ans après, elle fut ensuitte donnée en otage au Roy Philippe qui se l'assura par un traité du 11 juillet 1312 et la conservera jusqu'en 1369, elle appartint et passa successivement par les femmes dans les maisons de Bourgogne et d'Autriche et réunit ensuite à la France. Louis 14 la prit le 27 aoust 1667 et luy accorda une capitulation par laquelle il luy assura à toujours la conservation de ses droits, usages, franchises et libertés. Les Etats généraux s'en rendirent maitre en 1708 après un siège fort long, très opiniâtre et une vigoureuse deffense, elle fut rendue au Roy par le traité fait à Utreck le 11 avril 1713. L'article 25 de ce traité l'a conservé et maintenue dans la libre jouissance de tous ses privilèges, prérogatives, coutumes, exemptions, droits, octrois communs et particuliers, charges et offices héréditaires avec les mêmes honneurs, rangs, gages, émolumens et exemptions ainsi qu'il s'étoit pratiqué avant la cession.

Ses armoiries sont une fleur de lys d'argent sur un champ de gueules ; la lettre de la monnoie est un W.

2.

La Deusle y porte-t-elle des batteaux naturellement ou par la moien des écluses et quel est communément la profondeur d'eau de cette rivière.

Cette rivière prend sa source proche la ville de Lens et est nourie par les fontaines de Querenchy, elle passe par les villages de Loison, Harnes, Courières, Hannay, Vendin, Wingle, Berclau, Marquillies, St Ghin, Dons et Santes et arrive à Lille par Haubourdin.

En 1681 le Roy ordonna de construire le nouveau canal de la haute Deusle depuis la rivière de Scarpe jusqu'aux écluse de Don pour joindre ces deux rivières.

La hauteur des eaux de ce canal est de quatre pieds de Roy, celle de la rivière depuis Don jusqu'à Lille est de 4, 5 et 6 pieds.

Les eaux entrent dans la ville par l'arc de Ste Catherine et par la grille de rivage, les dernières passent par le canal de jonction qui traverse l'esplanade et gagnent les fortifications pour rejoindre la rivière en dessous de la ville, les autres se divisent dans la ville en plusieurs petits canaux dont quelques-uns plus larges sont les anciens fossets de la ville avant qu'elle fut aggrandie et se rejoignent avant sortir dans un quay sur lequel se trouve un pont à six arcades, deux au milieu pour les batteaux et deux de chaque cotté pour les voitures et gens de pieds. Ce pont est fort large et deux voitures passent dessus aisément, à chaque cotté est un marche-pieds élevé d'environ six pouces et de quatre pieds de largeur ; au sortir de la ville la rivière prend le nom de basse Deusle, passe par les villages de Marquette, Wambrechies, Quesnoy et Deuslemont où elle se jette dans la Lys.

La hauteur des eaux en dessous de la ville est de 5, 6, 7 et 8 pieds. Cette rivière n'est navigable que par le moien des écluses, il s'en trouve à Don, au faubourg de Lille, à Vambrechies, Quesnoy et Deuslemont. La navigation se fait dans la ville par le canal de jonction construit en 1750, avant ce tems on déchargeoit les batteaux au rivage qui se trouve à l'entré de la ville et l'on rechargeoit les mêmes marchandises sur d'autres batteaux dans le quay qui est à la sortie des eaux. Les autres canaux qui arrosent la ville ne portent que de fort petits batteaux.

3.

De quel diocesse ?

Répondu à l'article premier.

4.

De quel parlement, de quelle coutume s'il y en a quelqu'une de particulière ?

La ville et sa banlieue ont une coutume particulière confirmée et approuvée par lettres patentes de l'empereur Charles cinquième du premier x^bre 1533. Les cas et matières qui ne sont pas réglés par la coutume sont laissés à la disposition du droit écrit.

Quant au parlement, l'on a répondu à l'article premier.

5.

A quelle distance d'Armentières, Warneston, Menin, Courtray, Douay, l'on a ajoutté Paris, Gand, Dunckerque, Mons et Béthune.

Répondu à cet article, à l'article premier.

6.

Y a-t-il des mesageries établies pour tous ces lieux, les jours de leur départ et arrivée, le prix pour voiturer les personnes et le cent pesant de marchandises.

Il y a des messageries établies pour toutes les villes voisines et autres avec lesquelles elle a le plus de relation ; ces villes sont Ipres, Warneton, Menin, Courtray, Gand, Bruxelles, Tournay, Cambray, Douay, Paris, Valenciennes, Orchies, Arras, Armentières, Merville, Dunckerque et St Omer.

La voiture d'Ipres part et arrive tous les jours, on paye 3 l. 1 s. 3 d. par tête et deux liards à la livre de marchandises.

On prend la même voiture par aller à Warneton où elle arrive vers le midi, tant en allant qu'en revenant on paye 32 s. par tête et l'on convient pour les marchandises.

La voiture de Bruxelles conduit à Menin, Courtray, Gand et Bruxelles ; elle part régulièrement et arrive chaque jour ; elle part depuis St-André jusqu'à my mars à dix heures du matin, couche à Courtray la première nuit, la seconde à Gand et arrive à Bruxelles le troisième jour ; en tout autre tems elle part à 6 heures du matin, couche à Gand et arrive à Bruxelles le lendemain, elle suit la même route en revenant. On paye pour aller jusqu'à Bruxelles 15 l. par tête et 1 sols à la livre de marchandises ; jusqu'à Courtray 3 l. à la tête et aussi 1 sols à la livre de marchandises et jusqu'à Menin 37 s. 1/2 à la tête et il n'y a point de taux fixe pour les marchandises.

Celle de Cambray part tout les jours à six heures du matin depuis la mi-mars jusqu'au mois d'octobre, elle arrive à Douay à midi d'où elle part à une heure pour se rendre à Cambrai le soir. Pendant les six mois d'hyver elle part aussi chaque jour à neuf heures du matin, arrive le soir à Douay d'où elle sort le lendemain à neuf heure pour arriver le soir à Cambrai.

La même voiture arrive chaque jour à sept heure pendant l'été et à la porte fermante l'hyver. On paye 4 l. 10 s. par tête, il n'y a point de taux fixe pour les marchandises pour lesquels on se sert plus ordinairement d'un chariot qui part les mercredi et samedi à midi ;

l'on paye par ce chariot 30 s. au cent pesant de marchandises, ce chariot arrive à Cambrai le lendemain à midi.

Il n'y a point d'autre voiture pour aller à Douai que celle de Cambray qui comme on vient de le dire part et arrive chaque jour ; on paye 50 s. par tête, l'on convient pour les marchandises et l'on se sert plus régulièrement à cet effet de la voiture d'eau, c'est une barque assez grande divisée en plusieurs places avec des banquettes sur une partie du tillac, l'on y est fort commodément, elle part tous les jours de Lille à huit heures du matin, prend la haute Deusle jusqu'à Don où elle entre dans le canal de jonction à la Scarpe et arrive le jour à Douay ; elle va aux traits des chevaux, l'on y paye 25 s. par tête et 12 1/2 du cent pesant de marchandises, elle arrive aussi chaque jour à Lille vers 5 heures du soir. Ceux qui veuillent diner y sont bien traités moennant 25 s. par tête le vin non compris ; quand on descend en chemin l'on paye à raison de 3 s. 9 d. environ par lieues.

La voiture de Paris part depuis le premier avril jusqu'au 1er d'octobre à 4 heures du matin et arrive à Paris le lendemain soir, pendant les autres six mois elle part à 10 heures du matin et n'arrive à Paris que le troisième jour elle part et arrive jour à autre tant l'hyver que l'été ; on paye 55 l. par tête et 4 s. à la livre de marchandises, cette voiture est fort douce et moiennant les 55 l. on est nourri et logé en route.

Celle de Valenciennes part les mardi, jeudi et samedi de chaque semaine à six heures du matin pendant l'été et à l'ouverture de la porte pendant l'hyver, elle arrive le même jour à Vallenciennes d'où elle revient le lendemain, on paye 100 s. par tête et 30 s. au cent pesant de marchandises.

On profite de la même voiture pour aller à Orchies, elle arrive à midi et en part sitôt le diner, on paye 50 s. à la tête et 20 s. du cent pesant de marchandises.

Celle d'Arras part tous les jour à sept heures 1/2 du matin tant d'Arras que de Lille et arrive le même jour à 5 heurre 1/2 du soir, on paye 3 l. par tête et 50 s. du cent pesant de marchandises ; il y a outre la voiture un chariot qui part chaque mercredy et samedi matin et arrive à Arras le lendemain à midi, ce chariot n'est que pour les marchandises, l'on paye le même prix.

La voiture d'Armentières arrive chaque jour matin et part à 5 heures du soir depuis le premier avril jusqu'au premier octobre et à quatre heures pendant l'hyver ; on paye 12 s. 1/2 par tête, il n'y a point de taux fixe pour les marchandises.

Celle de Merville part et arrive aussy chaque jour, elle sort de Lille à

8 heures 1/2 du matin, arrive à midi à Armentières jusqu'où l'on paie 12 s. 1/2 par tête, et le soir à Merville jusqu'où il en coute 30 s. par personne et l'on convient pour les marchandises.

Celle de Dunckerque part jour à autre à 5 heures du matin, elle arrive le soir et revient le lendemain, on paye 10 l. par tête et un sol à la livre de marchandises.

Celle de St Omer les lundi, mercredi et vendredi pendant neuf mois et pendant les trois mois d'hyver deux fois la semaine seulement, elle arrive le même jour et revient le lendemain, elle part à 5 heures du matin, on paye 9 l. par tête et un sol à la livre de marchandises.

Toutes les voitures contiennent six, huit et le plus ordinairement dix personnes, elles sont bonnes et bien fermées, il y a sur le devant et sur le derière des grands panniers d'oziers garanties de toile cirée pour mettre les marchandises les plus précieuses, lorsqu'elles sont en petit volume se mettent dans des coffres pratiqués sous les banquettes.

Il y a encore des messageries établies pour plusieurs petites villes et gros bourgs de la chatellenie, tels que Roubaix, Tourcoing, Commines, la Bassée, Lannoy et Seclin ; ces messageries sont très utiles et à vil prix. L'on trouve à leur défaut des carosses et chaisses de louage, il y en a grand nombre en la ville de Lille.

7.

Combien de feux ou chefs de familles ? Combien de maisons, combien de personnes de tout age, de tout sexe et de tout états ?

Suivant le dénombrement des habitans des deux sexes, de tous ages et de tout état fait en 1740, il s'est trouvé dans la ville et banlieue 63.439 ames.

Ce nombre d'habitans est considérablement diminué depuis lors par les dernières guerres et on estime qu'en la présente année 1765 il n'y pas plus de cinquante six à cinquante huit mille ames.

Le nombre des batèmes va ordinairement chaque année à 2400 et plus, celuy des sépultures est souvent inférieur, il s'y fait entre 500 à 600 mariage, on y compte environ 10.000 chefs de famille et 8.000 maisons tant grandes que petites, il s'en trouve dans le nombre de fort belles, leur façades extérieures sont règulières et battis en grais et pierres blanches que l'on tire du village de Lezenne à une demie lieue de la ville ; il reste très peu de maison de bois.

Il y a environ 170 rues, 30 places et 24 cours, les rues sont pour la pluspart larges, celles du dernier agrandissement fait en 1670 sont tirées au cordeau. Les plus belles sont celles de Fives, de St Sauveur du Molinel, des Jardins, des Malades et des Jésuittes, la rue Royalle surpasse toutes les autres et est spéciallement remarquable par sa longueur, sa largeur, sa régularité et en beauté des ses maisons, celles qui la traversent montrent d'un coté l'esplanade et la citadelle et de l'autre le rampart ; les places publiques sont petites et en trop petit nombre, les seulles remarquables sont la place d'armes, une autre joignante et celle du chateau.

Les rues et les places sont éclairées pendant l'hyver jusqu'à dix heures du soir par 1800 lanternes fournies et entretenues par la ville.

L'esplanade est vaste, le magistrat y a fait pratiquer des promenades moyennant quatre allées de tillœuls qu'il y a fait planter ; ces allés sont bordées d'un cotté par la ville et de l'autre par le canal de jonction de la haute et basse Deusle qui la sépare du glacis de la citadelle ; à l'une des extrémités est un manège couvert où l'on donne leçon publiquement quatre fois la semaine, à l'autre se trouve un caffé.

Les fauxbourgs de la ville sont la pluspart remplis de cabarets, jardins et guinguettes parmi lesquels il s'en trouve qui fixent à juste titre les regards des voiageurs ; à la porte de Fives est un jardin public dit du gouverneur assez fréquenté.

8.

Quel nombre de paroisses, d'églises collégiales, de maisons religieuses de l'un et de l'autre sexe, de collège, d'hopitaux, de maisons publiques ou édifices remarquables ; des détails sur chacun de ces articles.

Il y a sept paroisses et une collégialle sous l'invocation de St. Pierre fondée en 1055 par Bauduin comte de Flandres, surnommé le pieux pour 40 chanoines et un prévot ; il y a dans ce chapitre un doyen, un chantre, un trésorier et un écolatre, plus de 50 chapellains, un grand nombre de musiciens gagés, huit enfans de chœur sans les boursiers et 40 à 50 clercs.

Le chapitre a une fort belle bibliotèque qui est ouvert au public les mardi et jeudi de chaque semaine.

L'église de la collégiale est un des plus beaux monumens de la piété des anciens souverains, le chœur des chanoines est beau, on remarque au-dessus des étaux les blasons des seigneurs qui ont composé le second chapitre de la Toison d'or par Philippe le Bon à Bruges en 1432. Au milieu du chœur est enteré le fondateur.

Dans l'une des chapelles est le superbe mausolée de Louis de Masle dernier comte de Flandres de la sixième race et son épouse Margueritte de Brabant. Le sçavant bénédictin dom Bernard de Montfaucon en a donné la description et l'estampe dans ses monuments de la monarchie françoise ; cette chapelle qui est celle de Notre-Dame de la Treille est fort belle et bien ornée.

Les paroisses n'offrent rien de bien remarquable, celle de St-Pierre qui est la plus ancienne n'est qu'une chapelle ; celle de St-Etienne est grande, le chœur petit mais fort orné et avec gout ; le portail du chœur de St-Maurice est de marbre, l'architecture en est moderne, ces deux paroisses ont cinq nefs dont deux sont divisés en différentes chapelles ; la flèche de celle de St-Sauveur qui est de pierre d'Avesnes est distingué par sa hauteur ; la paroisse de Ste-Catherine vient récemment d'être ornée dans tout son contour d'une fort belle boiserie, l'on voit au maitre hotel un tableau du célèbre Rubens représentant le martir de Ste Catherine ; la Magdelaine est faite en forme de dome ; celle de St-André n'est ni belle ni grande. Toutes ces paroisses ont des ecclésiastiques gagés pour chanter l'office aux heures ordinaires, il y a dans chacune plusieurs chapelles et chapellains.

Huit couvents d'hommes, les Jacobins ou Dominiquains, les Récolets, les Capucins, les Minimes, Carmes déchaussées de la réforme de Ste-Thérèse, Carmes chaussés ou non réformés, les Augustins et les Bons Fils du tiers ordre de St-François qui détiennent dans leur maison les insensés et les mauvais sujets.

L'église des Jacobins a un fort beau chœur, elle a trois nefs, au-dessus de celles de chaque cotté s'en trouve une deuxième garantie de part et d'autre par une ballustrade ; Eléonore de Lorraine y a fait élever au duc de Melun son fils un superbe mausolé, le frontispice de cette église est fort beau ; dans le jardin du couvent se trouve une motte dont le sommet où l'on arrive par une pente douce qui tourne la motte offre à la vue un jardin agréable et laisse découvrir toute la ville.

Celle des Récolets est remarqué par la hardiesse de sa voute, elle est fort exaucée, fort large et n'a qu'une seule nef ; l'on voit au maitre hotel un christ de la main de Vandick ; l'église est entourée de tableaux du nommé Arnould fameux pintre lillois ; au maitre autel de celle des Capucins est une descente de croix de Rubens ; les églises de toutes ces communautés sont propres. Celle du collège deservi ci-devant par les Jésuittes, construite à neuf depuis quelques années est spéciallement remarquable par son architecture ; les battimens de ce collège construits aux frais de la ville en 1605 sont vastes, les appartemens neufs qu'on commençoit à y construire depuis quelques années auroient rendu cette maison une des plus belles de celles de cette société si elle avoit eu le tems de les achever.

Seize couvents de filles dont douze grillés, sçavoir : l'Abiette, les Clairisses, les Collectines, les Brigittines, les Annonciades, les Urbanistes, les Carmélittes, les Capucines, les Célestines, les Ursulines, les sœurs du St-Esprit et les Dominiquaines ou couvent de la mère de Dieu.

L'Abiette ou petite abbaye est un couvent fort aisé de l'ordre de St-Dominique fondé par Margueritte comtesse de Flandre en 1279. Les Ursulines enseignent la jeunesse et tiennent pension et demie pension. Les religieuses du St-Esprit tiennent des demoiselles pensionnaires ; les appartemens sont propres, la table bonne et les pensions modiques.

Quatre couvents ouverts, sçavoir : les Sœurs Noires, elles vont garder les malades en ville ; les Sœurs Grises, les Sœurs de St-François de Salle et les Sœurs de La Magdelaine. Elles ont toutes trois des appartemens où elles reçoivent des demoiselles en pension, l'on y est bien logé, bien nouris et à bon marché ; les dernières ont un quartier fort dans lequel l'on détient les femmes et filles insensées, leur maison appartient à la ville. Ces quatre communautés rendent aux habitans des services essentiels et auxquels on ne peut trop applaudir.

On peut ajouter les béguines fondés en 1277 par Margueritte comtesse de Flandre pour 14 filles ou femmes ; elles sont logés commodément chacune dans des appartemens séparés, le Roy est collateur des places de béguines.

La maison de salut fondée par le Magistrat pour y détenir et corriger les filles de mauvaise vie.

Il y a deux grands hopitaux déservis par des religieuses où les malades sont pensés gratuitement ; ils ont été fondés par Jeanne comtesse de Flandre. L'un porte le nom de St Jean Baptiste lès St Sauveur, l'autre se nomme Comtesse.

Ces deux hopitaux ont été d'un grand secours à Messieurs les officiers de l'armée du Roy qui ont été blessés à la bataille de Fontenoy du 11 may 1745 où notre auguste monarque en personne remporta sur ses ennemis la victoire la plus complette et la plus glorieuse ; environ 600 officiers y ont été pensés et rien ne fait plus d'honneur

à la fidélité et à l'attachement inviolable de tous les habitans de
la ville et de ses Magistrats pour la personne sacrée du Roy, que
l'empressement qu'ils ont eû dans cette mémorable occasion de procurer
aux officiers et soldats blessés tous les secours que leur arrivée
imprévue et inopinée n'avoit pas permis de leur préparer ; le zèle
du peuple fut si grand que le Magistrat pour en tempérer l'ardeur fut
obligé de rendre une ordonnance le 16 may 1745 par laquelle il fut
deffendu de porter aux blessés d'autres aliments que des bouillons, thé
à l'eau et autres choses semblables.

Il y a encore trois autres hopitaux déservis par des religieuses, celuy
de St-Jean Baptiste dit Gantois où l'on reçoit les femmes décrépittes,
celuy de Notre Dame de charité fondé pour les femmes chartrières et
celuy des religieuses de la Conception pour les femmes malades.

Il y en a aussi un pour les hommes incurables sous le titre
de St-Joseph.

Il y a trois collèges, celuy de St-Pierre fondé vers le milieu du
16ᵉ siècle par le chapitre, celuy déservi cy devant par les Jésuittes
fondé par le Magistrat en 1572 dans la rue des Malades et transféré
en 1605 dans celle de leur nom, et celuy des Augustins fondé en 1624 ;
le premier est déservi par des ecclésiastiques séculiers sçavoir un régent
et cinq professeurs, ils sont pensionnés du chapitre et parviennent
à des chapelles et des bénéfices à mesure des services qu'ils rendent.

Celuy ci-devant des Jésuittes est actuellement occuppé par dès
prêtres séculiers, sçavoir un principal aux gages de 1500 l., un sous
principal et un maitre de rhétorique aux gages de 1200 l. et
cinq maitres pour les autres cinq classes aux gages de 1000 l. chacun ;
ils sont pardessus ce logés et leur pension est payé en outre au
principal à raison de cent écus par tète, l'on n'a rien négligé pour
mettre ce collège sur un bon pied et y mettre de bons sujets pour
enseigner la jeunesse et la réussite a secondé les espérances.

Il y a un pensionnat dans le collège de St-Pierre et l'on se propose
d'en établir un second dans les battimens vastes de celuy cy devant
des Jésuittes.

Le collège des Augustins est déservi par ces pères.

Il y a un collège ou séminaire particulier établi par les libéralités
de plusieurs particuliers et entre autres de Jean Morel par les soins
du père Nugent, capucin irlandois et sous les auspices de Jean Derobles
comte d'Annapes, alors gouverneur de Lille en 1610 pour des enfans
étudians des provinces de la Genie et Médé en Irlande et un préfet
de la même nation. Le but de cet établissement et d'instruire les jeunes

gens dans la religion et de les mettre en état d'aller ensuite porter l'évangille chez eux ; le nombre n'en est point fixé, on le proportionna aux revenus de la maison qui n'est pas riche ; les capucins de Bar-sur-Aube sont collateurs.

Entre les établissemens recommandables par leur utilité, l'on peut encore citer le mont de piété fondé en 1609 par la libéralité de Bartholomé Mazurel ; l'on y preste sans aucun intérêt jusquà cinquante écus sur chaque gage, le Magistrat y commet un directeur et des commis, les batimens sont considérables ; on doit distinguer ce mont de la plus part des autres où l'on prête à la vérité de plus fortes sommes mais sous des intérêts considérables. Il y a aussi à Lille un mont de cette dernière espèce administré par un directeur, deux conseillers et autres officiers nommés par l'intendant de la province.

De toutes les fondations pieuses, la plus considérable tant par son objet que par l'étendu de ses battimens est l'hopital général ; cette maison établi par lettres patentes du mois de juin 1738 pour y nourir des pauvres de toutes espèces, de tout age et des deux sexes dans la vue de prévenir et empêcher la mandicité, peut actuellement contenir plus de deux mille ames quoy qu'il s'en faille d'un grand tiers qu'elle soit entierrement achevée ; ses revenus annuels tant en biens fonds, maisons, rentes, casuels, ouvrages et aumosnes vont actuellement plus d'à cinquante mille écus, ils s'acroitteront considérablement par la suitte tant par l'extiction des rentes viagères qu'elle a été dans le cas de créer pour fournir aux frais de constructions de ses battimens que par la réunion prochaine de plusieurs fondations pieuses établies aux mêmes fins. Cet hopital est administré par un bureau entierrement subordonné au Magistrat qui assiste et préside par ses députés à toutes les assemblées et délibérations.

Il y a encore plusieurs fondations particulières, celle des enfans de la Grange ainsi nommés du nom de leur fondateur autrement dit bleuets à cause de la couleur de leur habit, subsiste depuis l'an 1499. Celle des Bapeaumes faite par Walerand Bapeaume en 1613, toutes deux sont pour les enfans masles orphelins, ils habitent actuellement la même maison et vivent sous la direction d'un chapelain et l'administration de la bourse commune des pauvres, il y a dans la première plusieurs bourses pour des étudians.

La maison des Vieux Hommes établie dans le 16e siècle par les soins du Magistrat et les libéralités des particuliers pour les viellards agé de soixante ans au moins.

Celle des Bonnes filles pour les filles orphelines ; celle des Viellettes pour des femmes paralétiques ; celle de St-Jacques fondée dans le 13e siècle par un chatelain de Lille pour les pélerins et actuellement employé à recevoir et secourir des femmes en couche.

Celle de la Noble famille fondée par les soins de Mademoiselle Sémeries à l'instar de celle de St-Cyr ; cette maison est belle et très propre, on y reçoit les demoiselles de naissance des provinces de Flandres, Artois et Haynaut, et on les y élève selon leur état jusqu'à ce qu'elles aient atteint l'age de dix huit ans.

Il y a encore différens autres établissemens pieux qu'il est inutile de détailler icy parce qu'ils sont connus de ceux qui ont droit d'en profitter et qu'ils n'intéressent point les autres, une bourse commune des pauvres, des écoles, des bourses particulières dans chaque paroisse, des bouillons fondés pour les malades, des distribution de pains, de viande, d'argent, &c. d'habillemens, des médecins et sages femmes pensionnées pour les pauvres, en un mot des secours de toutes espèces ; on finira en observant que l'administration de toutes ces fondations et aumonemens et laïque et municipale et que l'évêque et tout ecclésiastiques en son nom en est exclu par le droit public de la province.

Au nombre des édifices publics remarquables sont l'hopital général, le magazin à bled de la chatellenie et l'hotel de ville.

Le premier est fort vaste, le second fort élevé, le troisième est le palais batti par Philippes le Bon en 1430, le magistrat l'a acheté de Philippes IV en 1664, il fut brulé en partie en 1700 et en 1756.

Le premier incendie est réparé par l'élévation d'un batiment simple mais propre ; le conclave qui est le lieu où les échevins rendent justice et où s'assemblent chaque année les Etats de la province est majestueux, la boisserie est belle, les tableaux analogues à leur emplacement sont de toutes beautés.

Les quatre baillifs de la chatellenie de Lille, Douay et Orchies occuppent depuis quelques années la partie supérieure de ce nouveau battiment, leurs appartemens sont vastes, la propreté, la richesse et le bon gout s'y annoncent également.

Le battiment incendié en 1756 n'offre encore à la vue que des ruines, les malheurs de la guerre et les charges de la ville empêcheront qu'il ne soit rétabli d'icy à quelque tems.

La salle des spectacles appartenoit autrefois au Magistrat et étoit situé dans l'hotel de ville, même elle en a occasionné l'incendie en 1700 un jour qu'on avait représenté Médé, ce qui donna lieu au chronograph suivant eCCe MeDeä ; une personne non partisanne de la commédic fit au même sujet celui-ci peLLe CoMeDos. Un particulier de la ville en a fait depuis construire une à ses frais, elle est petite et médiocrement belle.

Parmi les établissemens utils on peut encore placer les leçons publiques fondées et entretenus par les soins du Magistrat ; il y en a une d'anatomie où l'on explique gratuitement et publiquement tout ce qui est relatifs à la chirurgie et médecine avec démonstration sur le cadavre.

Un autre d'accouchement où l'on donne aussi gratuitement à certains jours de la semaine aux jeunes chirurgiens et sages femmes de la ville et de la chatellenie les instructions convenables à cet art, accompagnées de démonstrations sur des machines propres à cette fin et explication sur les cadavres.

Une de dessein, une d'architecture et une de matématiques ; ces trois établissemens sont récens, mais leur succès est prompt, on y enseigne les différentes parties relatives aux différents arts et métiers utiles à la société, il en est sorti des désignateurs, des graveurs et des bons ouvriers de toutes espèces qui font également et chacun dans leur professions honeurs aux maîtres chargés de l'enseignement ; les leçons se donnent gratuitement et à des heures où tout le monde peut s'y rendre, les lundis, mardis, jeudis et vendredy pour le dessein et les mercredis et samedis pour l'architecture et les mathématiques. Le Magistrat y fait distribuer chaque année publiquement en sa présence et avec pompe aux élèves qui s'y sont distingués des prix qui consistent en médailles d'argent et en livres de l'art ; les ouvrages des meilleurs élèves des années précédentes sont exposés ces jours là autour de la salle où se fait la cérémonie.

Et enfin une accadémie pour l'équitation et des maitres de toute espèce tant pour les armes, la danse, la musique et la peinture que pour tous les autres arts et les sciences et un bureau de nourices à l'instar de ceux de Paris.

9.

Le commérce et les principalles manufactures de la ville ; comment en exporter le produit directement à Dunckerque, à Amiens. à Paris, à Lyon et à Metz ?

De quelles améliorations seroient susceptibles ces articles ?

La ville de Lille jouit d'un commerce très florissant tant à cause du nombre que de l'industrie de ses habitans et de la fertilité de son territoire ; les manufactures sont considérables, elles fournissent des draps, des pinchinats, des serges, des ratines, des étamettes et autres pareilles étoffes, des couvertures de lit, des callemandes larges, étroittes, unies, rayées et fleuragées de toutes couleurs, des camelots aussi larges, étroits, unis, rayés, ondés, gauffrés de toutes espèces, des lampareilles pour l'Espagne en fins, entrefins et superfins, des lanilles de différentes qualités, des bourracans, des ploimis, des crépons, des bourats, des moletons, des velours façons d'Utreck et autres, des mouquettes en laine et fils unis et rayés et autres étoffes de laine seule ou mélées de soye, de cotton ou de fil de lin ; les autres fabriques sont des toilles de ménage de toute qualité, des toilles unies et ouvrées de tout dessein et de toute couleur pour faire habillement, meubles et litteries, des coutils damassés, fleuragés et unis, du linge de table de toutes sortes, des dentelles en soye, en or, en argent et en fil à l'imitation de celles de Flandre et de Vallenciennes, des galons, des rubans, des tapisseries de hautelice, des cuirs dorés, des chapeaux de toutes espèces, des cuirs, des maroquins, des bas et autres ouvrages de bonnetterie au tricot et au méttier, des savons blancs et noirs, du papier et du carton. La ville est fort renommée pour ses fabriques de fil à coudre et à faire dentelles, on y blanchit le sucre, le sel et la cire dans la dernière perfection, il y a des amidonneries, une verrerie aux bouteilles et aux verres blancs tant pour vitrage que pour tout autre usage, des fayenceries, des tanneries, des imprimeries ; on travail actuellement à y établir une fabrique de toilles pintes façon des Indes, il y a des brodeurs, des peintres, des sculpteurs, de forts bons coutelliers, des ouvriers et maitres de tous les arts et métiers, des fileurs, des calendreurs, des apprêteurs, des tinturiers et autres ouvriers, fabricans et artistes de toutes espèces, l'apret des étoffes y est fort beau et approche beaucoup celuy des Anglois et l'égale même lorsqu'on le demande, la teinture y est surtout porté au plus haut point, on y teint en toute couleur même en vert de Saxe et en écarlate la soye, le cotton, la laine et le fil indistinctement ; on y fabrique des cloux et travaille le fer en toute manière.

Il s'y fait de plus un grand commerce de chevaux et toute sorte de bestiaux, de grains et d'huile de colsats, de lin, de camamine et autres productions du pays.

Elle entretient un commerce considérable non seulement avec les états voisins, comme la France, la Hollande, les Pays Bas et quelques endroits d'Allemagne, mais encore avec l'Espagne, le Portugal, l'Angleterre, l'Irlande, l'Italie, la Savoye, les pays du Nord et les Indes ;

elle a une correspondance directe avec tous les pays étrangers et fait une banque considérable, ce qui la rend le magazin et l'entrepot de de toutes les villes voisines du Haynaut, Cambrésis et Artois, ainsi que d'une partie de la Flandre. Cette ville fait mouvoir toutes les autres et est l'ame du commerce de tout le pays ; son commerce est général et comprend tous les objets qui en sont susceptibles, il se fait ou par échange avec d'autres marchandises des pays étrangers ou par argent ; celuy de proche en proche se fait par le moyen des canaux et rivières, par la comodité des voitures, par les grands chemins et par les routes tellement fraiés de toutes part que cet article ne laisse rien à désirer pour faciliter l'exportation ; celuy de Paris, Lyon, Metz, Amiens et Dunckerque se fait de même ; le port de cette dernière ville, ceux de Calais et d'Ostende servent au chargement des marchandises que les négocians de Lille expédient dans une grande partie de la France et dans les pays étrangers ; le produit en argent s'en exporte par la voye du change, la monnoye usité est le florins qui vaut 20 pattars, le pattars deux deniers de gros ou douze deniers ordinaires, le florin vaut vingt cinq sols de France ; les poids y sont de seize onces valants 14 onces de poids de marc, l'aulne est de 26 pouces, le pied de onze pouces, le pouce douze lignes ; 38 razières de 120 livres font un last d'Amsterdam, 19 septiers de Paris et 38 boisseaux de Bourdeaux ; les terres se mesurent par bonnier, le bonnier contient seize cent verges quarées, la verge dix pieds de roy quarés ; les négociants s'assemblent chaque jour en bourse pour traiter des affaires de banque.

Il seroit difficile de dire en quoi les fabriques et commerce de la ville de Lille seroient susceptibles d'accroissement ; les habitans qui naissent pour la pluspart fabriquants et commerçants semblent avoir porté l'un et l'autre au plus haut point : l'attention avec laquelle le Magistrat saisit tous les moiens d'améliorations que les différentes circonstances peuvent présenter et les avantages qu'il procure à ceux qui s'y prètent joint au génie des habitans qui les y porte naturellement ne laisse rien désirer à cet égard, il suffit d'encourager et le peuple fait e reste.

<h2 style="text-align:center">10.</h2>

Le gouvernement municipal.

Le corps municipal dont l'origine se perd dans l'antiquité des tems a été établi sur le même pied qu'il existe aujourd'huy par lettres patentes de Jeanne comtesse de Flandres du mois de may 1235 et le feu

Roy de glorieuse mémoire a bien voulut en promettre l'observance par sa réponse à l'article 22 de la capitulation du 27 aoust 1667 enregistré au parlement le 2 may 1669. .

Ce corps municipal est composé de trente trois officiers électifs qui se renouvellent chaque année le jour de la toussaint par quatre seigneurs commissaires dénommés par le Roy, sçavoir : un rewart et douze eschevins dont le premier est nommé mayeur, quatre eschevins voirs jurés et huit preudhommes ; outre ces officiers électifs il y a trois conseillers pensionnaires, deux greffiers, l'un pour les affaires civiles, l'autre pour celles criminelles et un procureur sindic qui sont permanens ; ils étoient cy devant choisis par le Magistrat pour exercer les fonctions de leurs offices pendant leur vie, mais leurs charges sont présentement créés en titres d'offices formées et héréditaires par les déclarations du Roy des mois de mars 1694 et novembre 1695.

Il y a aussi un argentier qui exerce par commission du Magistrat ; tous ces officiers électifs et permanens au nombre de quarante personnes composent le corps de ville qu'on appelle la Loy ; on y règle et statut générallement tout ce qui concerne la police, les manufactures, la finance et tous les autres parties de l'administration de la ville ; toutes les ordonnances qui s'y rendent sont intitulées au nom des rewart, mayeur, eschevins, conseil et huit hommes et finissent par ces mots : fait en conclave la loy assemblée, et elles s'exécutent de la pleine et seule autorité du Magistrat.

Il y a un recueil imprimé in 4° chez Henry des principalles ordonnances que ce corps a rendu jusqu'en 1745 qui contient 381 pages distribués dans l'ordre des matières, la sagesse des réglemens contenus dans ce recœuil a paru si utile que tous les exemplaires en ont été enlevés presque aussitot par les magistrats des villes voisines ; celuy de Lille continu de faire imprimer dans le même format les nouveaux réglemens pour servir de suitte à ce recœuil.

La ville de Lille est divisé en vingt quartiers et chaque quartier a un commissaire particulier choisi dans le corps municipal pour remplir diverses fonctions qui ont raport à la police ; chaque commissaire a un adjoint.

Il y a aussi un prévot dont l'office est domanial, qui ne fait point parti du corps de magistrature, mais qui par état est chargé de veiller à l'exécution des ordonnances et de faire les fonctions du procureur du Roy dans les matières criminelles.

Les douze eschevins aidés des officiers permanens qui leur servent de conseil pour conformer leurs jugemens aux loix, exercent dans la ville et banlieue toutes jurisdictions tant en matières civilles que criminelles, sans en excepter les cas royaux et les sentences qu'ils rendent en matières civiles jouissent du privilège de pouvoir être mises, à exécution nonobstant appel en donnant caution à telles sommes que les condamnations puissent se monter.

L'appel de leurs sentences se porte immédiatement en la cour de parlement séant à Douay.

La province de Lille est un pays d'état gouverné par quatre membres dont le magistrat de Lille est le premier.

L'une des prérogatives la plus précieuse pour la ville de Lille est qu'à chaque nouvel avénement du souverain, le magistrat prête serment de fidélité au Roy et que le souverain prête par luy même à sa première entrée dans la ville ou par des seigneurs les plus qualifiés de la Cour qu'il luy plait de nommer en son absence en qualité de ses commissaires le serment d'observer les droits, stils, usages et anciens privilèges de la ville et que les bourgeois, manans et habitans ne seront traitables ni actionnables que par loy et échevinage.

Le Magistrat conserve dans ses archives les actes solemnels de prestations de ces sermens réciproques depuis cinq cent ans.

Il y a dans la ville quelques jurisdictions subalternes qui ressortissent par appel au siège échevinal.

Ces jurisdictions sont : 1° Celle des gardorphènes ou de la garde orpheline établis pour veiller aux droits des pupils.

2° Celles des appaiseurs qui connoissent en première instance des injures verballes.

3° Celles des sièges de la sayetterie et bourgetterie, draperies et tintures où se jugent en première instance les contraventions aux réglemens concernans les manufactures et les contestations entre les maitres et leurs ouvriers.

4° Celle du collège de médecine et du siège des appoticaires érigée pour décider tous les cas relatifs à la médecine et pour veiller à la qualité des drogues qui se vendent et distribuent dans la ville.

Les échevins sont les seuls juges ordinaires dans la ville, il y a cependant dans ces murs diverses jurisdictions qui y tiennent leurs sièges, scavoir :

1° La gouvernance, dont la jurisdiction s'étend sur toute la chatellenie et le siège est composé d'un gouverneur qui en est le chef, d'un lieutenant général, d'un lieutenant particulier, de sept conseillers, d'un avocat du Roy, d'un procureur du Roy, un greffier et un receveur des épices dont les offices ont été créés en titre formés et hériditaires par édit du mois de mars 1693.

2ᵉ Le siège du bailliage qui connoit dans le plat pays des actions réelles par plainte à loy des chemins et des affaires criminelles concurement avec le siège de la gourvernance ; ce siège est composé d'un bailli, d'un lieutenant, de six conseillers, d'un greffier et d'un receveur des épices dont les offices ont aussi été créés héréditaires par le susdit édit de mars 1693.

3° Le bureau des finances créé par édit du mois de septembre 1691 et dont les fonctions consistent principallement à veiller à la conservation des domaines du Roy, à recevoir les foys et hommages, aveux et dénombrement des fiefs relevant de Sa Majesté et à remplir d'autres devoirs à l'instar des autres chambres des finances établies dans le royaume ; ce corps est composé de deux conseillers premier et second président trésoriers de France et généraux des finances, d'un chevalier d'honneur, douze conseillers trésoriers de France généraux des finances gardescel, un conseiller et procureur du Roy, un conseiller substitut, un greffier principal et un second, un receveur payeur des gages, un receveur des épices et un controlleur des épices.

4° La chambre des comptes institué par Philippe le Hardi duc de Bourgogne en 1385 ; elle a subsisté jusqu'en 1667. Le Roy qui s'est rendu alors maitre de la ville n'a pas jugé à propos d'en remplacer les officiers qui suivirent le parti de l'Espagne, mais il y créa une charge de garde des archives ; les archives sont considérables et contiennent plus de cinquante mille registres, une infinité de papiers et les chartres du pays.

5° Les officiers de la maitrise des eaux et forêts de Phalempin tiennent aussi leur siège dans Lille ; ce siège a été créé par édit du mois d'aoust 1693 et est composé d'un grand maitre, d'un maitre particulier, d'un lieutenant, d'un procureur pour le Roy, un garde marteau et un greffier.

6° Il y a aussi dans Lille un hotel des monnoyes érigé en 1685 et qui est composé d'un général provincial, de quatre conseillers, d'un avocat, d'un procureur du Roy et d'un greffier qui connoissent de l'enregistrement des édits, déclarations et réglemens sur le fait des monnoyes.

7° Une chambre de commerce établie par arrêt du Conseil du 31 juillet 1714 pour veiller à l'utilité et l'avantage du commerce de la province ; elle est composé d'un directeur et de quatre sindics et un secrétaire.

8· Une jurisdiction consulaire établie par édit du mois de febvrier 1715, composé d'un juge et de quatre consuls, de six conseillers choisis parmi les jeunes commerçans et d'un greffier.

Sa Majesté par arrêt du 24 mars 1744 a aussi établie une chambre sindicale de la librairie et imprimerie composée d'un sindic et deux ajoints qui sont subordonnés aux eschevins qui en ont l'inspection ; tous les livres venans de l'étrangers doivent être conduits en cette chambre pour y être visités et examinés.

Les quatre baillifs des seigneurs hauts justiciers représentans les chatellenies de Lille, Douay et Orchies s'assemblent et résident aussi dans la ville ; les quatre hauts justiciers sont le Roy à cause de sa terre et seigneurie de Phalempin, le maréchal prince de Soubise à cause de la baronnie de Cysoing, le comte d'Egmont pour sa terre de Wavrin et le duc d'Orléans à cause de sa terre de Commines ; ils ont deux conseillers pensionnaires, un greffier, deux trésoriers et controlleurs et un procureur sindic.

Il y a encore dans Lille une douane avec directeur et receveur et des receveurs généraux des domaines et finances.

11.

Y a-t-il dans la ville quelques seigneuries particulières ?

La seule seigneurie particulière aiant jurisdiction dans la ville est celle du chapitre St Pierre dont le territoire est extrêmement borné ; les autres ne sont que des payeries appartenans à différens seigneurs qui n'y ont que justice foncière.

Ces payeries sont celles du Breuq, Berclau, Waincourt, St Donat, Werlinghem, Coquelets, Rabodenghes, Raise, Rainval, Lenglez, la Motte, Madringhem, du Rosier, du Reuts et du Verbois.

Le chapitre de St Pierre a deux baillifs, des hommes de fiefs et un greffier.

12.

Les divers tribunaux de magistrature établis dans la ville et leurs ressorts et attributs de jurisdiction et le nombre d'officiers dont ils sont composés, la finance et le produit de leurs charges.

Il y est répondu cy-dessus à l'article 10.

13.

Quels sont les hommes illustres que cette ville a produit avec des détails de leur vie.

Les habitans de la ville de Lille étant généralement attachés au commerce, les lettres y ont toujours été peu cultivés et elle a produit peu de grands hommes en ce genre.

L'on trouve dans les annalles de cette ville que Raimbert y enseigna la dialectique l'an 1088 et tenta le premier sous les auspices de Robert comte de Flandre d'y faire naitre le gout des belles-lettres.

Alain de Lille ou de Lisle, Alanus de Insulis, est un de ceux qui s'y soit acquit le plus de réputation ; c'est un théologien de l'Université de Paris, dans le 13ᵉ siècle, la vaste étendue de sa science le fit nommer le docteur universel. Il ne faut pas le confondre avec un autre Alain aussi de Lille qui embrassa l'institut de Citeaux, se mit ensuite sous la conduite de St Bernard, fut élevé par son mérite au siège épiscopale d'Auxere et revint mourir dans la solitude.

Gauthier de Chatillon né à Lille fut un poète de réputation comme le reconnoit Guillaume le Breton auteur du poème de Philippe Auguste et de la bataille de Bouvines.

Entre les théologiens des derniers siècles, Lille se fait gloire d'avoir donné le jour à Walerand d'Hangouart aumonier de l'empereur Charles cinq, à Jean Cuvillon jésuite et envoyé du duc de Bavière au concile de Trente, à Jean Molan docteur de Louvain célèbre par plusieurs ouvrages estimés. Cette ville a aussi produit d'excellens jurisconsultes que les souverains ont employés dans d'importantes affaires ; de ce nombre sont Jean Petitpas très considéré de Philippe duc de Bourgogne ; Jean Ruffaut, Guillaume et Roger de Hangouart, qui étoient dans un pareil degré d'estime auprès de l'empereur Charles cinq , ce dernier avoit été d'abord conseiller pensionnaire de la ville et est mort conseiller en la chambre des comptes.

Pierre Oudegherst tient aussi une place honorable parmi les jurisconsultes, de même qu'entre les historiens ; on estime surtout ses annales de Flandre.

Bouck conseiller pensionnaire de la ville de Lille a fait imprimer la coutume avec des nottes sçavantes.

George Deghewiet avocat fit imprimer en 1736 les institutions du droit belgique par rapport aux dix sept provinces et au pays de Liège avec une méthode pour étudier la profession d'avocat ; cet ouvrage réimprimé de nouveau il y a quelques années contient six cent pages et est in-folio. L'acueil qu'on luy a fait dans le public et l'empressement avec lequel un chacun se le procure font assez l'éloge et de l'ouvrage et de l'habil homme qui la formé.

Le père Wastellain jésuitte a donné au public en 1761 la description de la Gaule Belgique selon les trois ages de l'histoire, l'ancien, le moien et le moderne, avec des cartes de géographie et de généalogie ; cet ouvrage imprimé à Lille chez Cramez imprimeur ordinaire du Roy est fort estimé des sçavans et est dédié au maréchal prince de Soubise gouverneur de la province.

A. J. Panckoucke libraire y donna aussi au public en 1762 un abrégé chronologique de l'histoire de Flandres depuis le 9e siècle jusqu'en 1700. On se gardera bien de compter parmi les sçavans qui ont paru dans cette ville, le nommé Tirou qui en 1730 fit imprimer une histoire de Lille dans laquelle avec une très mauvaise diction cet homme peut instruict a mélé parmi quelques autres choses des erreurs de fait et des remarques fabuleuses.

En 1764, M. C. D. S. P. D. L. a fait imprimer un livre sous le titre d'histoire de la ville de Lille depuis sa fondation jusqu'en 1434, mais ce livre contient tant de trait d'irreligion, tant d'erreurs de fait et de fausse citations dont il fourmil à chaque page que c'est avec justice qu'il a été publiquement désavoué et méprisé par le magistrat.

Parmi les artistes l'on distingue le célèbre Arnould peintre qui par la précision et la correction de son dessein a surpassé tous les pintres flamands, et le nommé Wamps aussi pintre qui a remporté le premier prix à l'académie de pinture de Paris.

Les tableaux du premier ne durent point parce qu'il épargnoit extrêmement ses couleurs, ceux du second sont moins bons mais plus solides et d'un coloris plus brillant.

14.

Le gouvernement militaire.

La ville de Lille est une place fort importante et qui sert de boulvart au royaume du coté du Nord ; elle a sept portes en ce non comprises trois portes d'eau ; celle ditte des malades est surtout remarquable par son architecture, on croit que c'est la plus belle du royaume ; ses fortifications sont vastes et peuvent soutenir un siège très long, témoin celuy de 1708 où le prince Eugène qui l'attaquoit a perdu plus de vingt cinq milles hommes.

La ville fournit chaque année une somme considérable pour l'entretient et augmentation des fortifications.

Elle fut gouvernée par les comtes de Flandres aussi longtems qu'ils y ont fait leur résidence et à leur défaut par les chatelains. Philippes le Bel est le premier qui luy donna un gouverneur en 1296 ce qui s'est depuis continué jusqu'à nos jours.

Son gouverneur actuel est le maréchal prince de Soubise, sa maison est assez connue dans l'histoire ; notre auguste monarque a fait l'éloge de ses qualités personnelles tant par la confiance qu'il luy donne que par les différentes commissions importantes dont il l'a chargée ; on se bornera à dire qu'il a gagné tous les cœurs de la province et spéciallement ceux de la ville de Lille par son affabilité, ses bienfaits et la protection singulière qu'il luy accorde.

Cette ville depuis qu'elle est à la France a toujoure été le gouvernement particulier du gouverneur général de la province ; il y a de plus un commandant ou lieutenant de Roy, un major, quelques aides majors, quatre capitaines des portes et un greffier militaire qui tous ont des appointements du Roy et des émolumens et logemens de la ville ; il y a aussi un trésorier des troupes, le gouverneur a sa garde particulière composée d'un capitaine, d'un maréchal des logis, d'un brigadier, d'un soubbrigadier et de 48 gardes à pied.

La place d'armes est grande et quarée, elle est fort belle, le corps de garde dont la façade fait plaisir aux connoisseurs ne contribue pas peu à l'orner.

Du coté du couchant est une citadelle à cinq bastions dont la force et la régularité font l'admiration des gens de l'art. Il suffira de dire qu'elle est l'ouvrage du célèbre Vauban, et c'est sans contredit la plus belle et la mieux construite de toute l'Europe ; sa place d'armes est grande, sa forme est un pentagone, ses cazernes sont belles et peuvent suffir à plus de 600 hommes.

La citadelle a un gouverneur particulier en second, un lieutenant de Roy, un major et un aide major.

Il y a dans la partie méridionalle de la ville un petit fort nommé de St Sauveur qui a un commandant et un major particulier et est gardé par la garnison de la ville qui est toujours nombreuse et n'est guerre moindre que de six mille hommes.

La garnison est logé aux dépens de la ville, les soldats dans des cazernes construite en maçonnerie, pour la pluspart neuves également solides et commodes et qui dans le besoin pourroient suffir à dix milles hommes ; on leur fournit des lits et des literies, les officiers dans des pavillons où on leur donne également les lits et litteries ou dans des chambres garnies lorsque les pavillons ne suffisent point.

L'état major de la ville reçoit son logement en argent à l'exception du gouverneur qui est logé dans un hotel appartenant à la ville.

La garnison de la citadelle et l'état major du fort de St Sauveur sont logé aux frais du Roy.

Outre les corps de gardes des portes et celui de la place, il y en a encore plusieurs autres en différens endroits de la ville ; le magistrat est chargé de les construire et entretenir, il fournit le chaufage et la lumière aux troupes qui y sont.

Depuis 1667 que la ville est retourné à la France, le roy y fait entretenir à ses frais un hopital pour les troupes malades ; cet hopital contient actuellement environ deux cent lits, il y a un directeur, un controlleur, un médecin, un chirurgien major, un chirurgien aide major et un aumonier tous pensionnés du Roy et logés aux frais de la ville.

Il y a plusieurs commissaires et controlleurs de guerres, l'un des premiers est chargé spécialement du soin de l'hopital militaire.

L'arsenal de la citadelle est beau, celuy de la ville est plus grand, l'un et l'autre ne sont point extrêmement vastes, mais ils ont toujours suffit aux artilleries et munitions de la ville, le parc général de la province étant à Douay qui n'en est éloigné que de sept lieues, il y a d'ailleurs une bonne chaussée et un canal qui en facilite le transport ; il y a aussi plusieurs magazins à poudre, le soin de l'artillerie est confié à un colonel directeur, un lieutenant colonel et un commissaire, il y a de plus trois gardes et un trésorier.

Il y a pour les fortifications un directeur, plusieurs ingénieurs et un trésorier ; autour de la ville sont plusieurs petits forts tous dépendans de celuy qui commande dans la place, ils ne sont gardé qu'en tems de guerre.

Les maréchaux de France y ont un prévot qui a la connoissance des cas prévotaux ; ce corps est composé d'un prévot, de plusieurs lieutenans, brigadiers, sous brigadiers et exempts et de cavaliers, il a son trésorier particulier ; ses officiers de justice sont un assesseur, un procureur du Roy et un greffier, les procès se jugent au siège de la gouvernance.

15.

Enfin tout ce qu'il peut y avoir d'intéressant et de curieux principallement en ce qui concerne le génie, les mœurs, l'industrie, les fêtes et cérémonies.

Le génie des habitans est moins vif que solide, ils ont le jugement

6

sain et juste, ils sont laborieux, docils et bienfaisants, leurs progrès dans les sciences sont lents mais surs, la pluspart ne s'y appliquent point et préfèrent le commerce vers lequel ils se sent plus particulièrement portés ; il s'y est cependant trouvé dans presque tous les temps d'excellents avocats, mais le nombre de ceux qui s'adonnent à cette profession est petit, ils sont foncièrement bons, agissent fidellement ; l'on peut compter sur leur parolle, mais ils ne s'ouvrent pas aisément, spécialement aux étrangers ; le petit peuple qui est nombreux est grossier, les conditions au-dessus se piquent de politesse et de frachise, les unes et les autres sont ennemis de toutes hauteurs, haissent également la rigueur et aiment d'être conduits doucement, avec des manières honnettes et de la douceur, on obtient d'eux tout ce que l'on veut. C'est par cette voye que Louis XIV est parvenu à effacer les préjugés qui les attachoient à la maison d'Autriche et vaincre les mauvaises impressions que la politique leur avoit fait fait prendre dans tous les tems contre les François.

Ils sont attachés à la religion catholique et fidels à leur souverains. Louis de Masle 25ᵉ comte de Flandres y trouva toujours dans ses revers un azile assuré et des bras armés pour sa deffense. Dans les troubles des Pays Bas, ils ont été perservéramment attachés à l'église romaine et à leur prince, l'hérésie et la rebellion n'ont fait chez eux aucun prosélite ; le magistrat conserve dans ses archives une lettre de Philippe II Roy d'Espagne dans laquelle ce monarque lui témoigne la satisfaction que luy donnoit la fidélité de la ville de Lille et les secours qu'elle luy donnoit contre les confédérés.

Les citoiens de l'age présent sont attachés aux mêmes principes.

L'industrie y est porté à un très haut point ; Guillaume le Breton s'exprime ainsi en faisant l'éloge de cette ville :

Insula villa placens gens callida lucra sequendo,
Insula quæ nitidis se mercatoribus ornans,
Regna coloratis illuminat extera pannis.

Cette industrie luy a acquis ses grandes richesses, les négotians de notre siècle qui s'adonnent entièrement à leur commerce sont comme leurs ancètres prudens dans la conduite de leurs affaires et fidels à leurs conventions ; la ville est cependant moins riche à présent qu'elle l'étoit autrefois.

Ces richesses au reste ne servent point à nourir l'avarice, elles éclattent dans les occasions ; les peuples des Pays Bas ont toujours aimé les jeux et les spectacles, ce gout s'y conserve encore dans ce que nous appellons triomphes, processions et dans les cérémonies publiques.

Lille n'a pas négligé d'avoir de ces fêtes et d'y attirer par sa manificence et les divertissemens qui s'y donnent un concours extraordinaire de ses compatriotes et d'étrangers.

La plus belle de ces fêtes étoit celle de l'épinette ; cette fête avoit son Roy que l'on élisoit tous les ans le jour du mardi gras, on en a un catalogue depuis l'an 1283 jusqu'en 1483. Les jours qui précédoient l'élection et tout le reste de la semaine se passoient en festins et en bals ; le premier dimanche de carème le Roy se rendoit en grand pompe au lieu destiné pour le combat, les combattans y jouttoient à la lance, le prix du victorieux étoit un éperon d'or ; les quatres jours suivans, le Roy avec ses jouteurs et le chevalier victorieux étoit obligé de se trouver au lieu du combat pour rompre des lances contre tous ceux qui s'y présentoient.

Les Roys de l'épinette étoient annoblis eux et leurs descendans, cette fête a cessé à la fin du 15e siècle à cause de la dépense qu'elle occasionnoit.

Quoyque les richesses des habitans n'égalent point aujourd'huy celles de leurs ancètres, leur zèle cependant pour les dépenses convenables n'excède en rien à celuy des tems les plus brillants de leur ville. La France applaudit encore aux arcs de triomphe qu'elle vit élevés à la gloire du Roy lorsque Sa Majesté honora la ville de sa présence au retour de sa campagne victorieuse de 1745. Le temple de la paix que la ville dédia en 1749 au monarque pacificateur de l'Europpe attira dans ses murs un concours prodigieux d'étrangers de toutes conditions et jamais l'amour de ce peuple pour les souverains n'a laissé échapper aucune occasion de se signaler.

Il se fait chaque année le dimanche dans l'octave du St Sacrement une procession solennelle en l'honneur de Notre Dame de la Treille patronne de la ville ; cette procession a été instituée par lettre de Margueritte comtesse de Flandres du mois de février 1269 en considération des miracles que Dieu opéroit en faveur de ceux qui invoquoient la Sainte vierge sous ce nom dans une chapelle de la collégiable de Saint Pierre. L'on n'y porte point le St Sacrement, toutes les communautés d'hommes à l'exception d'une seule et tous les corps de métiers y vont ; on y porte la plus part des chases des églises, le magistrat suit en robbe, celle de Notre Dame de la Treille portée sous un dais magnifique précédé de plusieurs chars du clergé séculier et du chapitre de St Pierre ; cette procession attire dans la ville un grand concours d'étrangers.

Celle du St Sacrement s'y fait avec beaucoup de dévotion, tous les ordres religieux précédés d'un grand concours de peuple portant des flambeaux accompagnent le St Sacrement porté sous un dais par le prévot de la collégiale de St Pierre ; le clergé des sept paroisse et le chapitre précèdent le dais, l'état major, la gouvernance, le magistrat et le bailliage le suivent.

Voilà le vrai de cette procession sur laquelle les auteurs du dictionnaire enciclopédique, ouvrage dont l'impression a été arrêté par la Cour depuis que le .... volume a parut, ont eu la témérité de s'exprimer ainsi au mot arcs de triomphe tome 3e page 184 : A Lille, en Flandres dans les processions publiques où l'on porte le St Sacrement on fait marcher à la tête des chars sur lesquels on a placé des jeunes fillès, ces chars sont précédés d'un fou de la ville qui a la fonction de faire mille extravagances par charge ; cette cérémonie supertitieuse doit être regardée avec plus d'indulgence que de sévérité, ce n'est point une dérision, les habitans de Lille sont de très bons chrestiens.

Il y a régulièrement dans la ville de Lille une trouppe de comédiens assez bonne, on y donne tragédies, comédiès et opera comiques des meilleurs auteurs, les pièces nouvelles y attirent les habitans qui n'y sont point autrement portés. La garnison qui s'en amuse davantage contribue beaucoup au soutient des spectacles.

Différens concerts s'y sont établis successivement, il y en a actuellement un composé d'amateurs qui se donne chaque semaine pendant l'hyver dans une salle de l'hotel de ville.

Il y a quatre franches foires, la première pour toutes sortes de marchandises commence le 30 aoust et dure huit jours ; les trois autres ne sont que pour les chevaux et autres bestiaux et elles ne durent que trois jours ; l'une commence le premier lundi de carème, l'autre le lundy après la fête Dieu et la dernière le 14 décembre ; il y a de plus des marchez publiques les mercredi et samedi de chaque semaine pour les grains de toute espèce, les légumes, les fruits, le beur et autres denrées nécessaires à la vie, il y en a d'autres à différens jours de la semaine pour les chevaux, bestiaux, les fils de lin, les laines, les toilles, les serviettes et pour toutes matières propres aux fabriques.

[Archives communales de Lille. Carton n° 736, dossier 9.]

TABLE

La Société des Sciences ayant perdu toutes ses collections dans l'incendie qui a détruit l'Hôtel de Ville, au cours de l'occupation allemande, et les publications n'ayant pu être reprises qu'en 1923, il n'est plus possible de fournir de volumes antérieurs à cette date.

Les publications, après guerre, comprennent :

BULLETIN DES SÉANCES

Années 1920, 21 et 22 .... 1 vol. in-8°.
   » 1923 et 24 .... 1 vol. in-8°.

MÉMOIRES — 5ᵉ SÉRIE

Fascicule VII. — LILLE au XVIIIᵉ siècle, d'après l'abbé EXPILLY.

Fascicule VIII. — DE NORGUET. — Histoire de la Société des Sciences 1802-1860.

EDITION DE GRAVURES *(Eaux-fortes)*

(100 ép. sur Hollande ou Vélin et 10 ép. sur Japon)

LILLE — Place St-Martin .... O. BOUCHERY.
   » Rue Royale .... id.
   » Pont-Neuf .... id.
   » Cour des Bons-Enfants (Entrée).. id.
   » Rue de l'Hôpital-Militaire (Cour).. id.

Les publications et gravures sont en vente à la Librairie RAOUST-LELEU, 11, rue Neuve, Lille.

www.ingramcontent.com/pod-product-compliance
Ingram Content Group UK Ltd.
Pitfield, Milton Keynes, MK11 3LW, UK
UKHW020345180726
13839UKWH00002B/925